우선순위 빈도순

중국어 간체자 1000

바벨어학연구원 엮음

북도드리
도서출판

우선 순위 빈도순

중국어 간체자 1000

찍은날 | 2025년 09월 05일
펴낸날 | 2025년 09월 12일
엮은이 | 바벨어학연구원
펴낸이 | 김지숙
펴낸곳 | 북도드리
등록번호 | 제2017-88호
주소 | 서울시 금천구 가산디지털2로 98, B212호
       (가산동, 롯데IT캐슬)
전화 | 02-868-3018
팩스 | 02-868-3019
전자우편 | bookakdma@naver.com
ISBN | 978-89-86607-98-7 13720
값 9,500 원
* 잘못된 책은 바꾸어 드립니다.

일러두기

우리는 초등학교 시절부터 오랫동안 한자를 배워왔습니다. 그러나 평준화 교육 시대를 맞이하면서 한자 학습에 대해 많이 소홀하게 대한 것이 오늘날의 현실입니다.

왜 우리가 영어를 중요시하고 있습니까? 그것은 바로 글로벌 시대를 살아가는 힘이기 때문입니다.

그럼 중국어는 어떨까요.

중국어는 전세계 13억 이상의 사람들이 사용하는 세계 최대의 언어입니다. 영어보다 훨씬 많은 사람들이 사용하는 것이지요. 때문에 중국어를 배우는 것이야말로 진정한 글로벌 시대를 위한 준비인 것이지요.

중국어를 배우면 훨씬 다양한 미래의 기회를 얻게 될 것입니다. 한자를 익혀 가면서 부수적으로 우리의 전통, 역사, 문화도 다시 한 번 짚어볼 수 있는 일석이조의 효과도 따라옵니다.

동기는 마련되었습니다.

이제 시작하면 됩니다.

중국어의 시작은 간체자를 익히는 것입니다.

이 책에서는 여러분들이 좀더 쉽고 친숙하게 간체자를 익힐 수 있도록 가장 사용 빈도가 높은 1000자의 한자를 준비했습니다. 이 책에 수록된 간체자와 기본 한자들만 익힌다면 중국어의 반은 배운거나 다름없습니다.

여러분들의 학습 효과 증대를 위해 최선을 다해서 꾸몄습니다. 감사합니다.

이 책의 특징
1. 활용도가 높은 1000자를 빈도순으로 정리했습니다.
2. 글자의 훈과 음, 병음, 부수, 필순 등을 완벽하게 정리했습니다.
3. 글자를 쓰면서 익힐 수 있도록 준비했습니다.
4. 의미별 적용 단어를 함께 실어 이해하기 쉽도록 했습니다.
5. 부록 - 독음순, 병음순 색인으로 사전의 역할까지 할 수 있습니다.

중국어의 특징

▶ 중국어는 북경어를 표준어로 합니다.

중국어는 중국, 대만, 홍콩 외에도 싱가포르, 말레이시아 등 전세계 13억 명 정도가 사용하는 세계 최대의 언어입니다.

중국은 약 56개 민족으로 구성된 다민족 국가입니다. 따라서 중국어라는 말은 많은 소수민족의 언어가 포함된 포괄적인 말입니다.

일반적인 중국어는 중화권 전체의 90% 이상을 차지하고 있는 한족(汉族)이 사용하는 언어 즉, 한어(汉语)를 말합니다. 하지만 한족이 사용하는 언어가 모두 같은 것은 아닙니다. 중국에는 지역에 따라 6~7가지의 방언군으로 나뉘는데, 특히 상해어, 광동어, 복건어 등이 가장 대표적인 방언입니다. 이러한 방언들은 서로 의사 소통이 불가능할 정도에 이르기도 합니다.

따라서 중국 정부는 중화민국(中华民国) 초기에 이르러 전국적인 국어통일운동이 추진되었는데, 그 결과 표준어로 채택된 것이 보통화(普通话)입니다.

보통화는 한족의 70% 정도가 사용하고 있는 북방방언(北方方言)을 기초로 북경음(北京音)을 표준음으로 하며, 모범적인 현대구어(现代口语)로 쓰여진 문학작품을 규범으로 하는 일상어를 채택하였는데, 근래에 우리가 배우고 있는 중국어가 바로 이 보통화(普通话)인 것입니다

▶ 중국어는 표의문자입니다.

한국어나 일어, 영어 등은 글자를 소리나는 대로 적은 표음문자(表音文字)인데, 중국어는 글자마다 다른 뜻을 지닌 표의문자(表意文字)입니다.

따라서 글자나 단어를 보면 그 뜻은 알 수 있지만 그 글자를 읽는 정확한 방법은 알 수가 없습니다. 그래서 각 글자의 음을 표기할 수 있는 방법을 사용하게 되었는데, 그것이 한어병음자모(汉语拼音字母)와 주음 부호(注音符号)입니다.

간체자의 특징

▶ 중국어 문자의 표기법(간체자·번체자)

중국어를 표기하는 글자는 한자(汉字)입니다. 한자의 표기에는 두 가지 방식이 있습니다. 우리가 일반적으로 사용하는 정자체를 번체자(繁体字)라고 하며, 번체자의 획수를 줄이거나 형태를 단순화시켜 만든 한자를 간체자(简体字)라고 합니다.

우리나라나 대만, 홍콩 및 동남아 국가 등에서는 번체자를 쓰고 있으며, 오로지 중국 본토에서만 간체자를 사용하고 있습니다.

그러나 중국의 개방과 함께 경제력이 커지면서 중화권 대부분에서도 이 간체자를 사용하려는 움직임이 점차 커지고 있습니다.

▶ 간체자의 형성 과정

1950년대 중국 정부는 번체자가 쓰기 복잡하고 어려워 많은 국민들이 문맹인 것을 깨닫고 중국인들이 한자를 보다 쉽게 익히게 하기 위해 한자의 간화(简化)작업을 시작하게 되었습니다.

1952년 중국문자개혁위원회(中国文字改革委员会)를 창설하여 간체자를 수집하고 연구 개발하였으며 오랜 기간의 실험과 토론을 거쳐 마침내 1964년에 2,238자의 간체자를 정리한 "간화자총표(简化字总表)"를 공표하게 되었습니다.

이후 1986년에 국무원(国务院)에서 이를 약간 수정하여 2,235자를 최종적으로 발표하게 됩니다.

오늘날 전세계에서 사용되는 간체자가 불과 수십년 전에 정리되었다는 것은 매우 놀라운 것이며, 그럼에도 불구하고 널리 사용되는 것을 보면 중국의 위세가 대단하다고 아니할 수 없습니다.

간화 방식에 따른 분류

설명	예시
옛 글자(古字)에서 필획이 간단한 것을 채택합니다.	萬 ➡ (万)　禮 ➡ (礼) 個 ➡ (个)　衆 ➡ (众)
초서(草書)를 해서체 형태로 변형해서 간화합니다.	書 ➡ (书)　車 ➡ (车) 興 ➡ (兴)　專 ➡ (专)
정자(正字)의 특정 부분으로 전체를 대표하게 합니다.	飛 ➡ (飞)　開 ➡ (开) 聲 ➡ (声)　號 ➡ (号)
정자(正字)의 필획을 줄이거나 생략합니다.	單 ➡ (单)　獎 ➡ (奖) 惡 ➡ (恶)　國 ➡ (国)
성부(聲符)를 필획이 간단한 자로 대체합니다.	億 ➡ (亿)　燈 ➡ (灯) 運 ➡ (运)　遠 ➡ (远)
필획이 간단한 동음자(同音字)를 대체하여 사용합니다.	隻 ➡ (只)　後 ➡ (后) 麵 ➡ (面)　幹 ➡ (干)
새로운 형태의 글자를 만들어 사용합니다.	義 ➡ (义)　馬 ➡ (马) 華 ➡ (华)　龍 ➡ (龙)

주요 부수 간화 형태

간화 형태	정자 형태	명 칭	적용 예
讠	言	말씀 언	语 说 谁
纟	糸	실 사	红 约 纪
门	門	문 문	间 问 闻
马	馬	말 마	驸 驯 骂
饣	食	먹을 식	饰 饱 饼
贝	貝	조개 패	贞 负 财
见	見	볼 견	观 觉 现
风	風	바람 풍	飒 飘
车	車	수레 차	轨 轮 轴
长	長	길 장	帐 账 张
韦	韋	가죽 위	伟 围 韩
钅	金	쇠 금	针 铁 钉
龙	龍	용 룡	拢 茏 胧
鸟	鳥	새 조	鹤 鸣 鸠
页	頁	머리 혈	顶 顽 须
麦	麥	보리 맥	麸 麦
齿	齒	이 치	啮 韶 龇
鱼	魚	고기 어	鲂 渔 鳍

 간체자 기본 필순

1. 가로와 세로 획이 모두 있을 때에는 가로 획을 먼저 씁니다.

十 十

2. 위에서 아래로 씁니다.

三 三 三

3. 삐침과 파임이 만날 때에는 삐침을 먼저 씁니다.

人 人

4. 왼쪽에서 오른쪽으로 씁니다.

训 训 训 训 训

5. 좌우 대칭형은 가운데 획을 먼저 긋고, 왼쪽에서 오른쪽으로 씁니다.

小 小 小

6. 좌우 점, 삐침과 파임이 만날 때에는 좌우를 먼저 쓰고 삐침, 파임 순으로 씁니다.

火 火 火 火

7. 안과 바깥쪽이 있고 열려 있는 경우에는 바깥쪽을 먼저 쓰고, 안을 채워 씁니다.

月 月 月 月

8. 안과 바깥쪽이 있고 닫혀 있는 경우에는 바깥쪽을 먼저 쓰고, 안을 채워 쓴 후 바깥쪽을 마무리하여 씁니다.

国 国 国 国 国 国 国 国

9. 글자 가운데를 꿰뚫는 획은 제일 나중에 씁니다.

中 中 中 中

10. 받침이 있는 글자는 받침을 제일 나중에 씁니다.

这 这 这 这 这 这 这

简体字

1000

025 子 zǐ/zi — 3획 子부

子子子

아들 자 ❶ 아들 / ❷ 명사 뒤에 붙여 사용(접미사)
❶ 子弟 zǐdì 자제, 젊은이 / ❷ 椅子 yǐzi 의자

026 小 xiǎo — 3획 小부

小小小

작을 소 작다, 조금
小姐 xiǎojiě 아가씨, 미스 / 小伙子 xiǎohuǒzi 총각, 젊은이 / 微小 wēixiǎo 미소하다, 아주 작다

027 就 jiù — 12획 亠부

就就就就就就就就就就

이룰 취 이루다, 곧
成就 chéngjiù 성취 / 就近 jiùjìn 근방에서 / 就是说 jiùshìshuō 바꾸어 말하면, 다시 말하면

028 时 shí (時) — 7획 日부

时时时时时时时

때 시 시기, 시간
四时 sìshí 사계절 / 时候 shíhou 동안, 시간 / 小时 xiǎoshí 시간(단위)

029 全 quán — 6획 入부

全全全全全全

온전할 전 ❶ 완전하다, 완비하다 / ❷ 전체, 모두 / ❸ 보전하다, 유지하다
❶ 完全 wánquán 완전하다 / ❷ 全部 quánbù 전부 / ❸ 安全 ānquán 안전하다

030 可 kě — 5획 口부

可可可可可

옳을 가 ❶ 동의, 허가 / ❷ 강조 / ❸ 역접의 뜻을 나타냄(접속사)
❶ 可能 kěnéng 가능하다, 가능성 / ❷ 可惜 kěxī 아쉽다 / ❸ 可是 kěshì 그러나, 하지만, 대단히

037 出 chū
5획 凵부

出出出出出

날 출 ❶나가다, 벗어나다 / ❷참석하다, 도착하다 / ❸생산하다 / ❹지출하다
❶脱出 tuōchū 탈출 / ❷出席 chūxí 출석 / ❸出产 chūchǎn 생산하다, 생산품 / ❹付出 fùchū 지불하다

038 年 nián
6획 干부

年年年年年年

해 년 해, 연, 시대
去年 qùnián 작년 / 多年 duōnián 여러 해 / 老年 lǎonián 노년, 노인

039 得 dé/děi/de
11획 彳부

得得得得得得得得得得

얻을 득 ❶얻다 / ❷~해야 한다 / ❸동사 뒤에 쓰여 허락을 표시함
❶得分 défēn 점수를 얻다 / ❷总得 zǒngděi 반드시 ~해야 한다 / ❸使得 shǐde 되다, 알맞다, ~하게 하다

040 你 nǐ
7획 亻부

你你你你你你你

당신 니 너, 자네, 당신
你们 nǐmen 당신들 / 你校 nǐxiào 너희 학교 / 你国 nǐguó 너희 나라

041 主 zhǔ
4획 丶부

主主主主主

주인 주 ❶주인 / ❷중요한 / ❸주장하다
❶主人 zhǔrén 주인 / ❷主题 zhǔtí 주제 / ❸主办 zhǔbàn 주최하다

042 用 yòng
5획 用부

用用用用用

쓸 용 쓰다, 사용하다
利用 lìyòng 이용 / 不用 bùyòng 필요없다 / 费用 fèiyong 비용

043
那
nà
6획 阝부

那那那那那那
어찌 나 그, 그것, 저것
那里 nàlǐ 그곳, 저곳 / 那么 nàme 그렇게, 그럼 / 那时 nàshí 그때

044
道
dào
12획 辶부

道道道道道道道道道道道
길 도 ❶길, 도로 / ❷방법, 도리 / ❸기술
❶铁道 tiědào 철도 / ❷道理 dàolǐ 도리, 법칙 / ❸医道 yīdào 의술(주로 한의학에 대해)

045
学
xué
(學)
8획 子부

学学学学学学学学
배울 학 배우다, 익히다
大学 dàxué 대학 / 上学 shàngxué 등교하다, 입학하다 / 学习 xuéxí 공부(하다)

046
工
gōng
3획 工부

工工工
장인 공 ❶기능, 기량 / ❷근로자, 일꾼 / ❸일, 작업
❶工业 gōngyè 공업 / ❷工人 gōngrén 노동자, 근로자 / ❸加工 jiāgōng 가공(하다)

047
多
duō
6획 夕부

多多多多多多
많을 다 ❶많다 / ❷늘다, 넘다 / ❸지나친, 불필요한
❶许多 xǔduō 대단히 많은 / ❷多出 duōchū ~만큼 초과하다 / ❸多余 duōyú 나머지의, 남아 도는

048
去
qù
5획 土부

去去去去去
갈 거 가다, 떠나다
去路 qùlù 진로, 가는 길 / 上去 shàngqù 올라가다 / 去世 qùshì 사망하다, 세상을 떠나다

17

049 发 fā/fà (發) 5획 又부

发发发发发

필 발 ❶ 보내다, 생기다 / ❷ 머리카락, 터럭(번체 髮 : 터럭 발)
❶ 发信 fāxìn 편지를 보내다 / ❷ 理发 lǐfà 이발하다

050 作 zuò 7획 亻부

作作作作作作作

지을 작 ❶ 쓰다, 짓다 / ❷ 일하다 / ❸ 발생하다
❶ 作曲 zuòqǔ 작곡 / ❷ 造作 zàozuo 조작하다, 어색하게 꾸며내다 / ❸ 作呕 zuòǒu 구토하다

051 自 zì 6획 自부

自自自自自自

스스로 자 ❶ 자기, 몸 / ❷ 자연히, 당연히 / ❸ ~로 부터
❶ 自己 zìjǐ 자기 / ❷ 自动 zìdòng 자발적으로 / ❸ 来自 láizì ~로 부터 오다

052 好 hǎo/hào 6획 女부

好好好好好好

좋을 호 ❶ 좋다, 알맞다 / ❷ ~하기에 쉽다, ~하기를 좋아하다
❶ 好吃 hǎochī 맛있다 / ❷ 好客 hàokè 손님 접대를 좋아하다

053 过 guò/guo (過) 6획 辶부

过过过过过过

지날 과 ❶ 지나다, 건너다 / ❷ ~한 적이 있다
❶ 通过 tōngguò 통과하다, ~을 통하여 / ❷ 看过 kànguo 본 적이 있다

054 动 dòng (動) 6획 力부

动动动动动动

움직일 동 움직이다, 작용하다, 불러일으키다
动力 dònglì 동력 / 浮动 fúdòng 흐르다, 떠서 움직이다 / 动怒 dòngnù 화내다

061 三 sān
3획 一부

三三三

석 삼　삼, 3
三个 sānge 세 개 / 三角 sānjiǎo 삼각 / 三胞胎 sānbāotāi 세 쌍둥이

062 同 tóng
6획 冂부

同同同同同同

같을 동　같다, 함께, ~와 함께
不同 bùtóng 다르다 / 同时 tóngshí 동시, 같은 때 / 同事 tóngshì 함께 일하다, 동료

063 成 chéng
6획 戈부

成成成成成成

이룰 성　이루다, ~으로 되다
成功 chénggōng 성공 / 成果 chéngguǒ 성과 / 变成 biànchéng ~로 변하다

064 活 huó
9획 氵부

活活活活活活活活活

살 활　살다, 생활하다
生活 shēnghuó 생활 / 活动 huódòng 활동 / 快活 kuàihuo 쾌활하다, 즐겁다

065 太 tài
4획 大부

太太太太

클 태　크다, 높다, 아주, 매우
太阳 tàiyáng 태양 / 太空 tàikōng 매우 높은 하늘 / 太平 tàipíng 평안하다

066 事 shì
8획 一부

事事事事事事事事

일 사　일, 사건, 사고
事情 shìqing 일, 사건 / 事件 shìjiàn 사건 / 出事 chūshì 사고가 발생하다

20

073 都 dōu/dū
10획 阝부

都都都都都都都都都都

도읍 도 ❶모두, 전부 / ❷수도, 도읍
❶大都 dàdōu 대부분, 대다수 / ❷首都 shǒudū 수도

074 于 yú
3획 一부

于于于

어조사 우 ~에, ~에서, ~에게, ~로부터
关于 guānyú ~에 관해 / 属于 shǔyú ~에 속하다 / 在于 zàiyú ~에 있다

075 之 zhī
3획 丶부

之之之

갈 지 ❶가다, 이르다 / ❷~의, ~한
❶之死不悔 zhīsǐbùhuǐ 죽어도 후회하지 않는다 / ❷之间 zhījiān ~의 사이

076 分 fēn
4획 八부

分分分分

나눌 분 ❶나누다, 가르다 / ❷판별하다, 가리다 / ❸분(시간 단위)
❶分割 fēngē 분할하다 / ❷分析 fēnxī 분석하다 / ❸分钟 fēnzhōng 분(시간)

077 经 jīng (經)
8획 纟부

经经经经经经经经

날 경 ❶경영하다, 관리하다 / ❷경과하다, 통하다 / ❸날실(직물)
❶经营 jīngyíng 경영하다 / ❷经过 jīngguò (장소, 시간) 경과하다 / ❸经纱 jīngshā 날줄

078 种 zhǒng/zhòng (種)
9획 禾부

种种种种种种种种种

씨 종 ❶씨앗, 종류 / ❷심다, 가꾸다
❶品种 pǐnzhǒng 품종 / ❷种植 zhòngzhí 심다, 재배하다

085
进
jìn
(進)
7획 辶부

进进进进进进进

나아갈 진 ❶나아가다 / ❷들어가다 / ❸올리다, 바치다
❶进步 jìnbù 진보 / ❷进去 jìnqù 안으로 들어가다 / ❸进香 jìnxiāng 향을 피워 올리다

086
前
qián
9획 刂부

前前前前前前前前前

앞 전 ❶앞(공간 개념) / ❷앞, 이전(시간 개념)
❶前边 qiánbiān 전면, 앞쪽 / ❷从前 cóngqián 이전, 과거

087
着
zhe/zháo/zhuó
11획 目부

着着着着着着着着着着

붙을 착 ❶~하고 있다 / ❷접촉하다 / ❸입다, 두르다
❶接着 jiēzhe (손으로) 받다, 바치다 / ❷着凉 zháoliáng 감기에 걸리다 / ❸着手 zhuóshǒu 착수하다

088
没
méi/mò
7획 氵부

没没没没没没没

빠질 몰 ❶없다, 못하다 / ❷가라앉다, 사라지다
❶没有 méiyǒu 없다 / ❷埋没 máimò 묻다, 매몰하다

089
而
ér
6획 一부

而而而而而而

말이을 이 하지만, 그래서, 게다가(접속사)
从而 cóngér 따라서, 그래서 / 然而 ránér 하지만, 그러나 / 反而 fǎnér 오히려, 도리어

090
样
yàng
(樣)
10획 木부

样样样样样样样样样样

모양 양 ❶모양, 형상 / ❷견본, 표본
❶样子 yàngzi 모양 / ❷样品 yàngpǐn 견본품

097 本 běn
5획 木부

本本本本本

근본 본 ❶뿌리, 근본 / ❷지금의, 원래의 / ❸책, 판본
❶基本 jīběn 기본 / ❷本来 běnlái 본래 / ❸课本 kèběn 교과서

098 定 dìng
8획 宀부

定定定定定定定定

정할 정 안정하다, 고정하다, 약정하다
决定 juédìng 결정(하다) / 确定 quèdìng 확정적이다 / 预定 yùdìng 예정(이다)

099 见 jiàn (見)
4획 见부

见见见见

볼 견 ❶보다, 만나다 / ❷의견, 관점
❶见面 jiànmiàn 대면하다 / ❷意见 yìjiàn 의견, 견해

100 两 liǎng (兩)
7획 一부

两两两两两两两

두 량 ❶둘, 2 / ❷쌍방, 양쪽 / ❸몇(대략의 수)
❶两倍 liǎngbèi 두 배 / ❷两旁 liǎngpáng 양쪽 / ❸两下子 liǎngxiàzi 상당한 능력, 대단한 솜씨

101 新 xīn
13획 斤부

新新新新新新新新新新新

새 신 새롭다, 새것이다
新年 xīnnián 신년, 새해 / 革新 géxīn 혁신하다 / 新生 xīnshēng 신생, 신입생, 새 생명

102 现 xiàn (現)
8획 王부

现现现现现现现现

지금 현 ❶지금, 현재 / ❷나타나다, 보이다 / ❸현금
❶现实 xiànshí 현실 / ❷表现 biǎoxiàn 표현 / ❸现钱 xiànqián 현금

109
五
wǔ

4획 一부

五 五 五

五五五五

다섯 오 다섯, 5

五倍 wǔbèi 다섯 배 / 五个 wǔge 다섯 개 / 五子棋 wǔzǐqí 오목

110
心
xīn

4획 心부

心 心 心

心心心心

마음 심 ❶심장, 염통 / ❷마음, 생각, 감정, 기분 / ❸한가운데, 중심

❶心脏 xīnzàng 심장 / ❷安心 ānxīn 안심하다 / ❸中心 zhōngxīn 중심

111
只
zhǐ / zhī

(祇)

5획 口부

只 只 只

只只只只只

다만 지 ❶단지, 다만, 겨우 / ❷단독의, 단 하나의 / ❸마리, 척, 개(번체 隻 : 외짝 척)

❶只是 zhǐshì 단지, 다만 / ❷只身 zhīshēn 단신, 홀몸(隻:척) / ❸一只手 yìzhīshǒu 한 손(隻:척)

112
实
shí

(實)

8획 宀부

实 实 实

实实实实实实实实

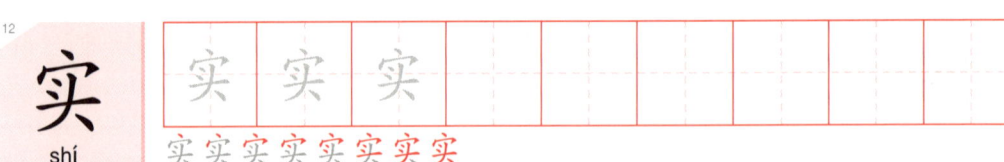

열매 실 ❶충실하다, 꽉 차다 / ❷진실, 사실 / ❸열매, 씨앗

❶坚实 jiānshí 튼튼하다 / ❷确实 quèshí 확실하다 / ❸实弹 shídàn 실탄, 총알

113
社
shè

7획 礻부

社 社 社

社社社社社社社

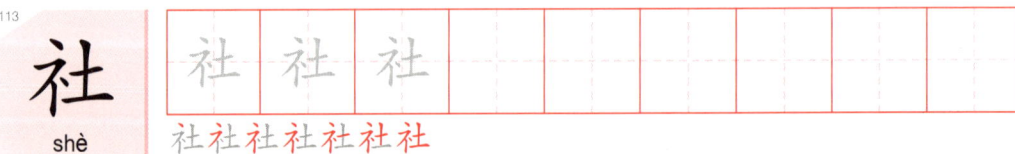

모일 사 단체, 조직, 조합

旅行社 lǚxíngshè 여행사 / 报社 bàoshè 신문사 / 社会 shèhuì 사회

114
水
shuǐ

4획 水부

水 水 水

水水水水

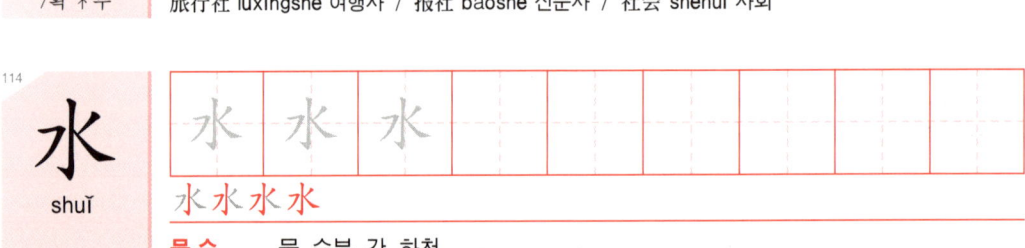

물 수 물, 수분, 강, 하천

汽水 qìshuǐ 탄산음료 / 雨水 yǔshuǐ 빗물 / 水流 shuǐliú 물살

121
当 dāng/dàng (當)
6획 小부

当 当 当

当当当当当当

마땅할 당 ❶어울리다, 담당하다 / ❷바로 그 때, 장소 / ❸적합하다, 합당하다
❶担当 dāndāng 담당하다 / ❷当面 dāngmiàn 면전에서 / ❸不当 bùdàng 부당하다

122
义 yì (義)
3획 丶부

义 义 义

义义义

옳을 의 ❶의리, 도리 / ❷뜻, 의미
❶正义 zhèngyì 정의, 옳바름 / ❷字义 zìyì 글자의 뜻

123
些 xiē
8획 二부

些 些 些

些些些些些些些

적을 사 조금, 약간, 얼마쯤
那些 nàxiē 그것들 / 某些 mǒuxiē 몇몇(의), 약간 / 一些 yīxiē 얼마간, 조금

124
加 jiā
5획 力부

加 加 加

加加加加加

더할 가 더하다, 증가하다, 늘다
参加 cānjiā 참가하다 / 加油 jiāyóu 기름을 넣다, 격려하다, 응원하다 / 增加 zēngjiā 증가하다

125
老 lǎo
6획 老부

老 老 老

老老老老老老

늙을 로 ❶늙다, 오래되다 / ❷노련하다 / ❸노인(존칭으로 사용)
❶老人 lǎorén 노인, 늙은이 / ❷老练 lǎoliàn 노련하다 / ❸元老 yuánlǎo 원로

126

zhù
11획 艹부

著 著 著

著著著著著著著著著著

나타날 저 ❶뚜렷하다, 두드러지다, 나타나다 / ❷저술하다, 저작하다
❶著名 zhùmíng 저명하다 / ❷著作 zhùzuò 저작하다

127 四
sì
5획 口부

四四四四四

넉 사 넷, 4
四外 sìchù 사방, 여러 곳 / 四季 sìjì 사계절 / 四方 sìfāng 사방(동서남북)

128 头
tóu/tou
(頭)
5획 丶부

头头头头头

머리 두 ❶머리, 머리털 / ❷발단, 꼭대기, 우두머리 / ❸명사의 접미사로 쓰임
❶头发 tóufa 머리털 / ❷头子 tóuzi 두목 / ❸上头 shàngtou 위, 위쪽

129 因
yīn
6획 口부

因因因因因因

인할 인 ❶원인, 이유 / ❷~로 인하여, ~때문에 / ❸답습하다, 이어받다
❶病因 bìngyīn 병의 원인 / ❷因此 yīncǐ 이 때문에, 그래서 / ❸因习 yīnxí 인습

130 向
xiàng
6획 口부

向向向向向向

향할 향 방향, 목표, 향하다, 근접하다
方向 fāngxiàng 방향 / 意向 yìxiàng 의향, 의도 / 转向 zhuǎnxiàng 전향, 방향을 바꾸다

131 理
lǐ
11획 王부

理理理理理理理理理理

다스릴 리 ❶도리, 사리 / ❷관리하다, 정리하다 / ❸결, 무늬
❶道理 dàolǐ 도리 / ❷管理 guǎnlǐ 관리하다 / ❸木理 mùlǐ 나무결

132 点
diǎn
(點)
9획 灬부

点点点点点点点点

점 점 ❶점, 흔적 / ❷정하다, 주문하다 / ❸불을 붙이다 / ❹시(시간 단위)
❶雨点 yǔdiǎn 빗방울 / ❷点菜 diǎncài 음식 주문하다 / ❸点火 diǎnhuǒ 점화하다 / ❹三点整 sāndiǎnzhěng 3시 정각

133 合 hé
6획 人부

合合合合合合

합할 합 ❶합치다, 모으다 / ❷맞다, 부합되다 / ❸모든, 온, 전체의
❶集合 jíhé 집합하다 / ❷合格 hégé 합격하다 / ❸合村 hécūn 온마을

134 明 míng
8획 日부

明明明明明明明明

밝을 명 ❶밝다 / ❷명백하다, 확실하다 / ❸다음
❶光明 guāngmíng 빛, 광명 / ❷说明 shuōmíng 설명하다 / ❸明年 míngnián 내년

135 无 wú (無)
4획 一부

无无无无

없을 무 ❶없다 / ❷~이 아니다, ~하지 않다 / ❸~을 막론하고
❶无效 wúxiào 효과가 없다 / ❷无法 wúfǎ ~할 수 없다 / ❸无论 wúlùn ~에도 불구하고

136 机 jī (機)
6획 木부

机机机机机机

틀 기 ❶기계, 기구 / ❷시기, 기회 / ❸작용, 기능
❶飞机 fēijī 비행기 / ❷机会 jīhuì 기회 / ❸机体 jītǐ 유기체

137 意 yì
13획 心부

意意意意意意意意意意

뜻 의 생각, 마음, 뜻, 의미
同意 tóngyì 동의하다 / 意见 yìjiàn 의견 / 意向 yìxiàng 의향, 의도

138 使 shǐ
8획 亻부

使使使使使使

부릴 사 ❶쓰다, 사용하다 / ❷~하게 하다, ~시키다 / ❸외교관, 사신
❶使用 shǐyòng 사용하다 / ❷促使 cùshǐ ~하도록 재촉하다 / ❸特使 tèshǐ 특사

145 此 cǐ
6획 止部

此此此此此此

이 차 ❶이, 이것 / ❷이곳, 여기, 이때 / ❸이러하다, 이렇다
❶此外 cǐwài 이 밖에, 이외에 / ❷从此 cóngcǐ 이때부터 / ❸如此 rúcǐ 이러하다

146 知 zhī
8획 矢部

知知知知知知知知

알 지 ❶알다, 이해하다 / ❷지식, 학식 / ❸주관하다, 관장하다
❶通知 tōngzhī 통지하다 / ❷知识 zhīshi 지식 / ❸知客 zhīkè 접대하는 사람

147 关 guān (關)
6획 八部

关关关关关关

빗장 관 ❶닫다, 끄다 / ❷관문 / ❸관계, 관심
❶关门 guānmén 문을 닫다 / ❷难关 nánguān 난관, 어려움 / ❸关系 guānxi 관계

148 制 zhì (製)
8획 刂部

制制制制制制制制

지을 제 ❶만들다, 제조하다 / ❷규정하다, 구속하다 / ❸제도, 규칙
❶制作 zhìzuò 제작하다 / ❷限制 xiànzhì 규제하다 / ❸制度 zhìdù 제도

149 然 rán
12획 灬部

然然然然然然然然然然然然

그러할 연 ❶옳다, 맞다 / ❷이러한, 이와 같은 / ❸그러나, 그렇지만
❶当然 dāngrán 당연하다 / ❷不尽然 bùjìnrán 다 그렇지는 않다 / ❸然后 ránhòu 그런 후에

150 其 qí
8획 八部

其其其其其其其其

그 기 그의, 그것의, 그들, 그것, 그런 것, 이런 것
其次 qícì 다음, 그 다음 / 其他 qítā 기타, 그 외 / 其间 qíjiān 그 중, 그 사이

151 **表** biǎo 8획 衣부
表表表表表表表表
겉 표 ❶겉, 표면 / ❷나타내다, 드러내다 / ❸문서, 서류 / ❹시계(번체 錶 : 시계 표)
❶表面 biǎomiàn 표면 / ❷发表 fābiǎo 발표하다 / ❸表记 biǎojì 증거물 / ❹手表 shǒubiǎo 손목시계

152 **重** zhòng/chóng 9획 里부
重重重重重重重重重
무거울 중 ❶무겁다, 크다 / ❷중요하다 / ❸거듭나다, 겹치다
❶重量 zhòngliàng 중량 / ❷重要 zhòngyào 중요 / ❸重复 chóngfù 중복되다

153 **化** huà 4획 亻부
化化化化
될 화 ❶변화하다 / ❷녹다, 풀리다 / ❸태우다
❶变化 biànhuà 변화 / ❷溶化 rónghuà 녹다, 용해되다 / ❸焚化 fénhuà 태우다, 화장하다

154 **应** yīng/yìng (應) 7획 广부
应应应应应应应
응할 응 ❶대답하다, 승낙하다 / ❷마땅히 ~해야 한다 / ❸대응하다
❶应用 yìngyòng 사용하다 / ❷应当 yīngdāng ~하는 것이 마땅하다 / ❸反应 fǎnyìng 반응하다

155 **各** gè 6획 口부
各各各各各各
각각 각 각각, 여러, 제각기
各自 gèzì 각자 / 各别 gèbié 개개(의) / 各界 gèjiè 각계, 각 분야

156 **但** dàn 7획 亻부
但但但但但但但
다만 단 ❶다만, 오직, 겨우 / ❷그러나, 하지만
❶但只 dànzhǐ 단지, 다만 / ❷但是 dànshì 그러나

157 者 zhě — 8획 耂부
者者者者者者者者
놈 자 ❶자(사람) / ❷이, 이것
❶学者 xuézhě 학자 / ❷者边 zhěbiān 이쪽

158 间 jiān (間) — 7획 门부
间间间间间间间
사이 간 ❶중간, 사이 / ❷가운데, 안 / ❸집, 방
❶空间 kōngjiān 공간 / ❷田间 tiánjiān 논밭, 들 / ❸里间 lǐjiān 뒷방

159 百 bǎi — 6획 白부
百百百百百百
일백 백 ❶백, 100 / ❷많은 수, 온갖
❶百分比 bǎifēnbǐ 백분율, % / ❷百货商店 bǎihuòshāngdiàn 백화점

160 比 bǐ — 4획 比부
比比比比
견줄 비 ❶견주다, 비교하다 / ❷손짓하여 설명하다 / ❸맞대다, 가까이하다
❶比较 bǐjiào 비교하다 / ❷比画 bǐhua 손짓하다 / ❸比肩 bǐjiān 어깨를 나란히 하다

161 什 shén — 4획 亻부
什什什什
열 사람 십 무엇, 무슨, 어떤
什么 shénme 무엇, 어떤 / 为什么 wèishénme 왜, 어째서 / 什么的 shénmede ~등등, ~들

162 儿 ér (兒) — 2획 儿부
儿儿
아이 아 ❶아이, 젊은이 / ❷수컷의 / ❸접미사로 쓰임
❶儿子 érzi 아들 / ❷儿狗 érgǒu 수캐 / ❸那儿 nàr 그곳, 거기

163 公 gōng
4획 八부

公公公公

공변될 공 ❶공유의, 공공의 / ❷공개하다 / ❸사무, 공무
❶公园 gōngyuán 공원 / ❷公布 gōngzuò 공포하다 / ❸公司 gōngsī 회사

164 做 zuò
11획 亻부

做做做做做做做做做做

지을 주 ❶만들다, 짓다 / ❷종사하다, 일하다 / ❸(행사 등을) 진행하다, 실시하다
❶做法 zuòfǎ (하는)방법 / ❷做生意 zuòshēngyi 장사를 하다 / ❸做生日 zuòshēngri 생일을 축하하다

165 九 jiǔ
2획 丿부

九九

아홉 구 ❶아홉, 9 / ❷여러 번, 다수
❶九成九 jiǔchéngjiǔ 9할 9분, 99% / ❷九死一生 jiǔsǐyīshēng 구사일생

166 相 xiāng
9획 木부

相相相相相相相相相

서로 상 ❶서로, 함께 / ❷직접 관찰하다
❶互相 hùxiāng 서로, 상호 / ❷相对 xiāngduì 상대하다

167 气 qì (氣)
4획 气부

气气气气

기운 기 ❶기체, 공기 / ❷기후 / ❸기운, 기세 / ❹화내다, 성내다
❶空气 kōngqì 공기 / ❷天气 tiānqì 날씨 / ❸勇气 yǒngqì 용기 / ❹生气 shēngqì 화내다

168 命 mìng
8획 人부

命命命命命命命命

목숨 명 ❶생명, 운명 / ❷명령하다 / ❸(이름 등을) 명명하다, 붙이다
❶命运 mìngyùn 운명 / ❷命令 mìnglìng 명령 / ❸命名 mìngmíng 명명하다, 이름을 붙이다

169
西 xī
6획 西部

西西西西西

서녘 서　❶서쪽 / ❷서양
❶西边 xībian 서쪽 / ❷西服 xīfú 양복

170
话 huà
(話)
8획 讠부

话话话话话话话话

이야기 화　말, 말하다
会话 huìhuà 회화 / 电话 diànhuà 전화기 / 神话 shénhuà 신화

171
将 jiāng/jiàng
(將)
9획 寸부

将将将将将将将将将

장차 장　❶부축하다, 돕다 / ❷곧, 장차 / ❸장군, 장수(將 : 장수 장)
❶将护 jiānghù 돕고 보호하다 / ❷将来 jiānglái 장래, 앞날 / ❸武将 wǔjiàng 무장

172
内 nèi
4획 冂부

内内内内

안 내　❶내부, 안 / ❷처, 처의 친족
❶内幕 nèimù 내막, 속사정 / ❷内人 nèirén 집사람, 와이프

173
与 yǔ/yù
(與)
3획 一부

与与与

줄 여　❶주다, 보내다 / ❷사귀다, 교제하다 / ❸~와, ~와 함께 / ❹참가하다
❶赠与 zèngyǔ 증여 / ❷相与 xiāngyǔ 사귀다 / ❸与共 yǔgòng 같이 있다 / ❹参与 cānyù 참여하다

174
由 yóu
5획 田부

由由由由由

말미암을 유　❶원인, 이유 / ❷~때문에, ~로 인해 / ❸경과하다 / ❹복종하다, 따르다
❶理由 lǐyóu 이유 / ❷由于 yóuyú ~때문에 / ❸经由 jīngyóu 경유 / ❹自由 zìyóu 자유

181
回 huí
6획 口부

回回回回回回

돌아올 회 ❶돌다, 회전하다 / ❷돌아오다, 돌아가다 / ❸대답하다 / ❹횟수, 차례
❶回转 huízhuǎn 회전 / ❷回去 huíqù 돌아가다 / ❸回答 huídá 회답 / ❹一回 yīhuí 한 번

182
情 qíng
11획 忄부

情情情情情情情情情

뜻 정 ❶감정, 마음 / ❷상황, 정황 / ❸올바른 도리
❶爱情 àiqíng 애정 / ❷情况 qíngkuàng 정황, 상황 / ❸合情合理 héqínghélǐ 공정하고 합리적이다

183
几 jǐ/jī
(幾)
2획 几부

几几

기미 기 ❶몇, 얼마(수를 물을 때) / ❷거의, 아마도, 대략
❶几何 jǐhé 얼마, 몇 / ❷几乎 jīhū 거의

184
最 zuì
12획 日부

最最最最最最最最最最最最

가장 최 제일, 가장, 으뜸
最初 zuìchū 최초, 처음 / 最后 zuìhòu 최후, 맨 마지막 / 最近 zuìjìn 최근, 요즘

185
八 bā
2획 八부

八八

여덟 팔 여덟, 8
八个人 bāgerén 여덟 명 / 八月 bāyuè 8월 / 八年 bānián 8년

186
级 jí
(級)
6획 纟부

级级级级级级

등급 급 ❶등급 / ❷학년 / ❸층계, 단계
❶高级 gāojí 고급 / ❷年级 niánjí 학년 / ❸石级 shíjí 돌계단

187 位 wèi
7획 亻부

位位位位位位位

자리 위 ❶위치, 공간 / ❷계급, 지위 / ❸~분(사람의 수를 존중하여 셀 때)
❶位置 wèizhì 위치 / ❷官位 guānwèi 관직 / ❸诸位 zhūwèi 여러분, 제위

188 结 jié (結)
9획 纟부

结结结结结结结结

맺을 결 ❶매다, 엮다, 묶다 / ❷끝나다, 종결하다
❶结婚 jiéhūn 결혼하다 / ❷结果 jiéguǒ 결과, 결실

189 性 xìng
8획 忄부

性性性性性性性性

성품 성 ❶성격, 기질 / ❷성별 / ❸(물질의) 성질, 성분, 성능
❶性格 xìnggé 성격 / ❷性别 xìngbié 성별 / ❸性能 xìngnéng 성능

190 代 dài
5획 亻부

代代代代代

대신할 대 ❶대신하다, 대리하다 / ❷시대
❶代替 dàitì 대체하다 / ❷现代 xiàndài 현대, 현시대

191 教 jiào/jiāo
11획 攵부

教教教教教教教教教教

가르칠 교 ❶가르침, 교육 / ❷종교 / ❸가르치다(주로 동사로 사용)
❶教育 jiàoyù 교육 / ❷宗教 zōngjiào 종교 / ❸教给 jiāogěi 가르쳐주다

192 次 cì
6획 冫부

次次次次次次

차례 차 ❶순서, 차례 / ❷두 번째의, 제2의 / ❸(품질이) 나쁘다, 떨어지다
❶次序 cìxù 차례 / ❷次日 cìrì 다음날, 이튿날 / ❸次品 cìpǐn 저질품

193 路 lù — 13획 足부
路路路路路路路路路路路路
길 로 ❶길, 도로 / ❷노정, 여정 / ❸방법, 수단
❶道路 dàolù 도로 / ❷千里路 qiānlǐlù 천리 길 / ❸活路 huólù 살길, 살아나갈 방도

194 党 dǎng (黨) — 10획 小부
党党党党党党党党党党
무리 당 무리, 정당, 집단
党员 dǎngyuán 당원 / 政党 zhèngdǎng 정당 / 党派 dǎngpài 당파, 도당

195 六 liù — 4획 亠부
六六六六
여섯 륙 여섯, 6
六个 liùge 여섯 개 / 六面 liùmiàn 육면 / 六角 liùjiǎo 육각

196 便 biàn/pián — 9획 亻부
便便便便便便便便
편할 편 ❶편리하다 / ❷대소변(便: 똥오줌 변) / ❸곧, 바로, 즉시 / ❹싸다
❶便利 biànlì 편리 / ❷大便 dàbiàn 똥 / ❸便就 biànjiù 곧, 즉시 / ❹便宜 piányi (값이) 싸다

197 原 yuán — 10획 厂부
原原原原原原原原原
근원 원 ❶최초의, 원래의 / ❷양해하다, 용서하다 / ❸벌판, 들판
❶原理 yuánlǐ 원리 / ❷原谅 yuánliàng 용서하다 / ❸平原 píngyuán 평원

198 军 jūn (軍) — 6획 冖부
军军军军军军
군사 군 군대, 군사
军队 jūnduì 군대 / 军人 jūnrén 군인 / 行军 xíngjūn 행군하다

205
常 cháng
11획 小부

常常常常常常常常常常常

항상 상 ❶일반적인, 보통의 / ❷불변의, 고정적인 / ❸자주, 언제나, 늘
❶平常 píngcháng 평상시, 평소 / ❷常住 chángzhù 상주하다 / ❸时常 shícháng 항상, 자주

206
题 tí (題)
15획 页부

题题题题题题题题题题题题题

표제 제 ❶제목 / ❷문제 / ❸쓰다, 적다, 서명하다
❶题目 tímù 제목 / ❷难题 nántí 난제, 어려운 문제 / ❸题名 tímíng 서명하다

207
入 rù
2획 入부

入入

들 입 ❶들어가다, 가입하다 / ❷수입 / ❸~에 맞다
❶进入 jìnrù 진입하다 / ❷岁入 suìrù 세입 / ❸入理 rùlǐ 이치에 맞다

208
给 gěi/jǐ (給)
9획 纟부

给给给给给给给给

줄 급 주다, 바치다
供给 gōngjǐ 공급하다 / 给与 jǐyǔ 주다, 해 주다 / 给假 gěijià 휴가를 주다

209
己 jǐ
3획 己부

己己己

몸 기 자기, 자신
自己 zìjǐ 자기 / 己见 jǐjiàn 자기 의견, 사견 / 己任 jǐrèn 자기의 임무

210
队 duì (隊)
4획 阝부

队队队队

무리 대 ❶대열, 줄, 행렬 / ❷무리, 단체
❶站队 zhànduì 정렬하다 / ❷部队 bùduì 부대

217
革
gé
9획 革부

革革革革革革革革革
가죽 혁　❶가죽 / ❷고치다, 바꾸다 / ❸제거하다, 면직시키다
❶皮革 pígé 피혁, 가죽 / ❷改革 gǎigé 개혁하다 / ❸革除 géchú 없애다, 제거하다

218
立
lì
5획 立부

立立立立立
설 립　❶서다, 세우다 / ❷건립하다 / ❸제정하다, 체결하다 / ❹존재하다, 생존하다
❶立正 lìzhèng 차려 자세를 하다 / ❷建立 jiànlì 건립하다 / ❸立契 lìqì 계약을 맺다 / ❹独立 dúlì 독립

219
少
shǎo / shào
4획 小부

少少少少
적을 소　❶적다 / ❷모자라다, 빠지다 / ❸없어지다, 분실하다 / ❹젊다
❶少数 shǎoshù 소수 / ❷减少 jiǎnshǎo 줄다 / ❸少钱了 shǎoqiánliǎo 돈을 잃어버리다 / ❹少年 shàonián 소년

220
文
wén
4획 文부

文文文文
글월 문　❶글자, 문자 / ❷언어 / ❸문화, 문명 / ❹무늬, 문양
❶文字 wénzì 문자 / ❷韩文 hánwén 한글 / ❸文化 wénhuà 문화 / ❹花文 huāwén 꽃무늬

221
打
dǎ
5획 扌부

打打打打打
칠 타　❶치다, 때리다 / ❷깨지다, 부수다 / ❸보내다 / ❹(어떤 동작을, 작동을) 하다
❶打击 dǎjī 타격 / ❷打坏 dǎhuài 부수다 / ❸打发 dǎfa 보내다 / ❹打电话 dǎdiànhuà 전화를 걸다

222
论
lùn
(論)
6획 讠부

论论论论论论
논할 론　❶의논하다, 토론하다 / ❷학설, 이론 / ❸따지다, 평가하다
❶讨论 tǎolùn 토론하다 / ❷理论 lǐlùn 이론 / ❸论过 lùnguò 과실을 따지다

223
问
wèn
(問)
6획 門부

问问问问问问

물을 문 ❶묻다, 질문하다 / ❷안부를 묻다, 위문하다 / ❸간섭하다, 참견하다
❶问题 wèntí 문제 / ❷慰问 wèiwèn 위문하다 / ❸过问 guòwèn 간섭하다, 따져 묻다

224
东
dōng
(東)
5획 一부

东东东东东

동녘 동 ❶동쪽 / ❷주인
❶东边 dōngbiān 동쪽 / ❷房东 fángdōng 집주인

225
女
nǚ
3획 女부

女女女

계집 녀 여자, 딸
女儿 nǚ'ér 딸 / 少女 shàonǚ 소녀 / 女性 nǚxìng 여성

226
放
fàng
8획 方부

放放放放放放放放

놓을 방 ❶놓아주다, 풀어주다 / ❷놀다, 쉬다 / ❸(꽃이) 피다 / ❹(소리, 빛 등을) 발하다
❶释放 shìfàng 석방하다 / ❷放假 fàngjià 방학 / ❸开放 kāifàng 꽃이 피다 / ❹放映 fàngyìng 방영하다

227
期
qī
12획 月부

期期期期期期期期期期

기약할 기 ❶날짜, 기일 / ❷시간, 기간 / ❸기대하다, 기다리다 / ❹(때, 날을) 정하다
❶日期 rìqī 날짜 / ❷期间 qījiān 기간 / ❸期待 qīdài 기대하다 / ❹定期 dìngqī 날짜를 정하다

228
真
zhēn
(眞)
10획 十부

真真真真真真真真真

참 진 ❶진실하다, 참되다 / ❷정말로, 진실로 / ❸뚜렷하다, 분명하다
❶真理 zhēnlǐ 진리 / ❷真是 zhēnshi 정말, 참 / ❸真亮 zhēnliang 분명하다, 명백하다

229
数 shǔ/shù (數) 13획 攵부

数数数
数数数数数数数数数数数

셀 수 ❶수를 세다, 헤아리다 / ❷손꼽히다 / ❸수, 숫자
❶数数儿 shǔshùr 수를 세다 / ❷数不上 shǔbushàng ~축에 들지 못하다 / ❸数学 shùxué 수학

230
展 zhǎn 10획 尸부

展展展
展展展展展展展展展

펼 전 ❶펼치다, 벌리다 / ❷발휘하다, 드러내다 / ❸전시하다, 진열하다
❶展开 zhǎnkāi 전개하다 / ❷发展 fāzhǎn 발전하다 / ❸展出 zhǎnchū 전시하다

231
资 zī (資) 10획 贝부

资资资
资资资资资资资资资

재물 자 ❶자원, 재물 / ❷제공하다 / ❸자격, 자질
❶资源 zīyuán 자원 / ❷以资参考 yǐzīcānkǎo 참고로 제공하다 / ❸资格 zīgé 자격

232
通 tōng 10획 辶부

通通通
通通通通通通通通通

통할 통 ❶통하다, 뚫리다 / ❷전달하다, 고하다 / ❸공통적인, 일반적인 / ❹전부, 모두
❶通过 tōngguò 통과하다 / ❷通知 tōngzhī 알리다 / ❸普通 pǔtōng 보통 / ❹通年 tōngnián 일 년 내내

233
农 nóng (農) 6획 冖부

农农农
农农农农农农

농사 농 농사, 농업, 농민
农村 nóngcūn 농촌 / 农业 nóngyè 농업 / 农民 nóngmín 농민

234
名 míng 6획 夕부

名名名
名名名名名名

이름 명 이름, 명칭, 명성, 명예
名字 míngzi 이름 / 有名 yǒumíng 유명하다 / 命名 mìngmíng 명명하다

235 解 jiě
풀 해
13획 角부
❶나누다, 분리하다 / ❷열다, 풀다 / ❸제거하다, 없애다 / ❹해석하다
❶分解 fēnjiě 분해하다 / ❷解放 jiěfàng 해방 / ❸解雇 jiěgù 해고 / ❹辩解 biànjiě 변명하다

236 叫 jiào
부르짖을 규
5획 口부
❶외치다, 부르짖다, 울다 / ❷부르다, 찾다 / ~하게 하다
❶喊叫 hǎnjiào 고함치다 / ❷叫车 jiàochē 차를 부르다 / ❸真叫人生气 zhēnjiàorénshēngqì 정말 화나게 한다

237 提 tí
끌 제
12획 扌부
❶들다, 쥐다 / ❷높이다, 끌어올리다 / ❸앞당기다 / ❹제시하다, 제출하다
❶提灯 tídēng 등을 들다 / ❷提高 tígāo 향상시키다 / ❸提前 tíqián 앞당기다 / ❹提示 tíshì 제시하다

238 或 huò
혹 혹
8획 戈부
❶아마, 어쩌면 / ❷~든지, ~거나, 혹은 / ❸어떤 사람, 혹자
❶或许 huòxǔ 아마, 어쩌면 / ❷或是 huòshi ~이거나 ~이다 / ❸或人 huòrén 어떤 사람

239 山 shān
뫼 산
3획 山부
산, 모양이 산과 같은 것
山脉 shānmài 산맥 / 火山 huǒshān 화산 / 冰山 bīngshān 빙산

240 线 xiàn
(線)
8획 纟부
실 선
❶선, 실, 줄 / ❷경계선 / ❸실마리, 단서
❶电线 diànxiàn 전선 / ❷界线 jièxiàn 경계선 / ❸线索 xiànsuǒ 실마리, 단서

247

形

xíng

7획 彡부

形 形 形

形形形形形形形

형상 형 ❶형상, 모양, 형체 / ❷나타나다, 드러내다 / ❸비교하다, 대조하다

❶形式 xíngshì 형식 / ❷形诸笔墨 xíngzhūbǐmò 글로 나타내다 / ❸相形 xiāngxíng 서로 비교하다

248

它

tā

5획 宀부

它 它 它

它它它它它

다를 타 그, 저, 그것, 저것(사람 이외의 사물에 사용)

它们 tāmen 그것들, 저것들 / 其它 qítā 기타, 그 외

249

边

biān / bian

(邊)

5획 辶부

边 边 边

边边边边边

가 변 ❶가장자리 / ❷변경, 국경 / ❸주위, 근방 / ❹~쪽

❶海边 hǎibiān 해변 / ❷边防 biānfáng 변방 / ❸身边 shēnbiān 신변 / ❹外边 wàibian 바깥쪽

250

阶

jiē

(階)

6획 阝부

阶 阶 阶

阶阶阶阶阶阶

층계 계 ❶계단, 층계 / ❷등급, 계급

❶阶级 jiējí 층계, 계급 / ❷阶段 jiēduàn 단계

251

报

bào

(報)

7획 扌부

报 报 报

报报报报报报报

알릴 보 ❶알리다, 전하다 / ❷회답하다, 응답하다 / ❸보답하다, 갚다 / ❹신문

❶报道 bàodào 보도하다 / ❷报应 bàoyìng 인과응보 / ❸报答 bàodá 보답하다 / ❹报纸 bàozhǐ 신문

252

官

guān

8획 宀부

官 官 官

官官官官官官官官

벼슬 관 ❶정부, 관청 / ❷관리, 공무원 / ❸공공의, 공용의

❶器官 qìguān 기관 / ❷官员 guānyuán 벼슬아치 / ❸官路 guānlù 국도

253
决 jué (決) 6획 冫부

决决决决决决
결단할 결 ❶결정하다, 결심하다 / ❷결코, 절대로 / ❸무너지다, 터지다
❶决定 juédìng 결정하다 / ❷决口 juékǒu (둑이) 터지다 / ❸决不 juébù 결코 ~하지 않다

254
她 tā 6획 女부

她她她她她她
그녀 타 그녀, 그 여자, 그 여인(자신과 상대방 이외의 어떤 여성)
她们 tāmen 그녀들, 그 여자들 / 你比她高 nǐbǐtāgāo 너는 그녀보다 키가 크다

255
及 jí 3획 丿부

及及及
미칠 급 ❶도달하다, 이르다 / ❷정한 시간에 가 닿다 / ❸및, 와, 과
❶及格 jígé 합격하다 / ❷及时 jíshí 제때에, 적시에 / ❸以及 yǐjí 및, 그리고, 아울러

256
争 zhēng (爭) 6획 刀부

争争争争争争
다툴 쟁 ❶다투다, 경쟁하다 / ❷어찌, 어떻게 / ❸논쟁하다, 언쟁하다
❶战争 zhànzhēng 전쟁 / ❷争得 zhēngde 어떻게 / ❸争论 zhēnglùn 논쟁하다

257
声 shēng (聲) 7획 士부

声声声声声声
소리 성 ❶소리, 음성 / ❷명성, 좋은 평판 / ❸말하다, 선언하다
❶大声 dàshēng 큰소리 / ❷名声 míngshēng 명성 / ❸声明 shēngmíng 성명하다

258
北 běi/bèi 5획 匕부

北北北北北
북녘 북 ❶북, 북쪽 / ❷패배하다(北 : 패할 배)
❶北方 běifāng 북쪽 / ❷败北 bàiběi 패배하다

52

259
求
qiú

7획 水부

求求求求求求求

구할 구　❶부탁하다, 요청하다 / ❷추구하다, 탐구하다 / ❸수요, 요구
❶要求 yāoqiú 요구하다 / ❷求名 qiúmíng 명성을 추구하다 / ❸需求 xūqiú 수요, 요구

260
世
shì

5획 一부

世世世世世

인간 세　❶생애, 일생, 한평생 / ❷대대로 전해오는 / ❸세상, 세계
❶一生一世 yīshēngyīshì 한평생 / ❷世业 shìyè 가업 / ❸世界 shìjiè 세계

261
耍
shuǎ

9획 女부

耍耍耍耍耍耍耍耍耍

희롱할 사　❶농락하다 / ❷(기교를) 보이다 / ❸놀다, 장난하다
❶耍弄 shuǎnòng 농락하다 / ❷耍刀 shuǎdāo 칼을 휘두르다 / ❸耍欢 shuǎhuān 장난하다

262
美
měi

9획 羊부

美美美美美美美美

아름다울 미　❶아름답다, 예쁘다 / ❷만족하다, 즐겁다, 좋다
❶美丽 měilì 아름답다 / ❷美食 měishí 맛있는 음식

263
再
zài

6획 一부

再再再再再再

다시 재　❶다시, 재차 / ❷그 위에, 더 / ❸~하고 나서, ~한 뒤에
❶再三 zàisān 거듭 / ❷再加上 zàijiāshang 그 위에, 게다가 / ❸再说 zàishuō ~한 뒤에 정하다, 게다가

264
听
tīng

(聽)

7획 口부

听听听听听听听

들을 청　❶듣다 / ❷(충고 등을) 따르다, 수락하다 / ❸마음대로 하게 하다
❶听取 tīngqǔ 청취하다 / ❷听从 tīngcóng (남의 말을) 따르다 / ❸听便 tīngbiàn 편리한 대로 하게 하다

265
才 cái
3획 一부

才才才

재주 재 ❶재능, 재주 / ❷인재 / ❸겨우 (번체 纔 : 겨우 재)
❶才能 cáinéng 재능 / ❷天才 tiāncái 천재 / ❸刚才 gāngcái 방금

266
运 yùn
(運)
7획 辶부

运运运运运运运

옮길 운 ❶돌다, 운행하다 / ❷운송하다, 운반하다 / ❸운명, 운수
❶运行 yùnxíng (별, 차량, 선박 등이) 운행하다 / ❷运输 yùnshū 운반하다 / ❸幸运 xìngyùn 행운

267
必 bì
5획 心부

必必必必必

반드시 필 반드시, 꼭, 반드시 ~해야 한다
必须 bìxū 반드시, 꼭 / 必然 bìrán 필연적인 / 必需 bìxū 반드시 있어야 한다

268
安 ān
6획 宀부

安安安安安安

편안할 안 ❶편안하다, 안정하다 / ❷안전하다 / ❸설치하다, 세우다
❶安静 ānjìng 안정, 조용하다 / ❷安全 ānquán 안전하다 / ❸安装 ānzhuāng 설치하다

269
取 qǔ
8획 耳부

取取取取取取取取

취할 취 ❶손에 넣다, 얻다 / ❷(어떤 결과를) 일으키다, 초래하다 / ❸고르다, 채택하다
❶取得 qǔdé 취득하다 / ❷取乐 qǔlè 재미를 보다 / ❸取材 qǔcái 재료를 고르다

270
被 bèi
8획 衤부

被被被被被被被被被

이불 피 ❶이불 / ❷덮다 / ❸당하다, 겪다
❶被子 bèizi 이불 / ❷被具 bèijù 덮개, 씌우개 / ❸被告 bèigào 피고인

277 济 jǐ (濟) 9획 氵부

济济济济济济济济济

건널 제 ❶(강을) 건너다 / ❷돕다, 구제하다 / ❸유익하다, 쓸모가 있다
❶济河 jìhé 강을 건너다 / ❷济贫 jìpín 가난을 구제하다 / ❸济事 jìshì 쓸모가 있다(일반 부정형 사용)

278 共 gòng 6획 八부

共共共共共共

함께 공 ❶함께, 같이 / ❷전부, 모두
❶共同 gòngtóng 공동의, 공통의 / ❷一共 yīgòng 모두, 전부

279 计 jì (計) 4획 讠부

计计计计

셀 계 ❶셈하다, 계산하다 / ❷계획하다 / ❸계획, 계략, 방책 / ❹계량기
❶计算 jìsuàn 계산 / ❷计划 jìhuà 계획 / ❸计策 jìcè 계책 / ❹计表 jìbiǎo 계량기

280 特 tè 10획 牛부

特特特特特特特特特

특별할 특 ❶특수하다, 특별하다 / ❷일부러, 특별히 / ❸~으로써, ~가지고
❶特别 tèbié 특별하다 / ❷特意 tèyì 일부러 / ❸特此 tècǐ 이상 ~을 알립니다

281 改 gǎi 7획 攵부

改改改改改改改

고칠 개 ❶바꾸다, 교체하다 / ❷변하다, 달라지다 / ❸바로잡다, 수정하다
❶更改 gēnggǎi 바꾸다 / ❷改变 gǎibiàn 변하다 / ❸改造 gǎizào 개조하다

282 吃 chī 6획 口부

吃吃吃吃吃吃

먹을 흘 ❶먹다, 마시다 / ❷이겨내다, 참다 / ❸당하다
❶好吃 hàochī 맛있다 / ❷吃不消 chībuxiāo 참을 수 없다 / ❸吃官司 chīguānsi 소송당하다

289
并 bìng (並) 6획 八부

并并并并并并

나란히 병 ❶합치다, 통합하다 / ❷가지런히하다 / ❸결코, 전혀, 별로
❶合并 hébìng 합병하다 / ❷并列 bìngliè 병렬하다 / ❸并不 bìngbù 결코 ~하지 않다

290
海 hǎi 10획 氵부

海海海海海海海海海海

바다 해 ❶바다, 큰 호수 / ❷(용량이) 큰 것 / ❸마구, 무턱대고
❶航海 hánghǎi 항해하다 / ❷海量 hǎiliàng 넓은 도량 / ❸海骂 hǎimà 마구 욕하다

291
育 yù 8획 月부

育育育育育育育育

기를 육 ❶(자식을) 낳아 기르다 / ❷기르다, 양육하다 / ❸교육(하다)
❶生育 shēngyù 출산하다, (아이를) 낳다 / ❷养育 yǎngyù 양육하다 / ❸教育 jiàoyù 교육

292
思 sī 9획 心부

思思思思思思思思思

생각할 사 ❶생각, 사상 / ❷그리워하다 / ❸고려하다, 생각하다
❶思想 sīxiǎng 사상 / ❷思念 sīniàn 그리워하다 / ❸思索 sīsuǒ 사색하다

293
设 shè (設) 6획 讠부

设设设设设设

베풀 설 ❶배치하다, 설치하다 / ❷계획하다, 강구하다 / ❸만일, 만약
❶建设 jiànshè 건설하다 / ❷设计 shèjì 설계하다 / ❸设或 shèhuò 만약

294
件 jiàn 6획 亻부

件件件件件件

사건 건 ❶~건, ~일(양사) / ❷서류, 문서, 문건
❶事件 shìjiàn 사건 / ❷证件 zhèngjiàn 증명서, 증서

58

295 光 guāng
6획 小부

光光光光光光

빛 광　❶빛, 광선 / ❷경치, 풍경 / ❸영광, 영예
❶光明 guāngmíng 광명, 빛 / ❷风光 fēngguāng 경치, 풍경 / ❸光荣 guāngróng 영광

296 强 qiáng/qiǎng
12획 弓부

强强强强强强强强强强强强

강할 강　❶강하다, 크다, 세다 / ❷우월하다 / ❸억지로 하다
❶富强 fùqiáng 부강하다 / ❷强点 qiángdiǎn 장점, 우수한 점 / ❸强办 qiǎngbàn 강행하다

297 品 pǐn
9획 口부

品品品品品品品品品

물건 품　❶물품, 제품 / ❷등급, 등위 / ❸품성, 인품
❶产品 chǎnpǐn 생산품 / ❷品第 pǐndì 등급, 지위 / ❸品德 pǐndé 인품과 덕성

298 直 zhí (直)
8획 十부

直直直直直直直直

곧을 직　❶곧다, 똑바르다 / ❷(지면과) 수직이다, 세로 / ❸공정한, 정의로운
❶直达 zhídá 직행하다 / ❷垂直 chuízhí 수직이다 / ❸正直 zhèngzhí 정직하다

299 许 xǔ (許)
6획 讠부

许许许许许许

허락할 허　❶칭찬하다 / ❷약속하다, 동의하다 / ❸허가하다 / ❹어쩌면, 아마도
❶赞许 zànxǔ 칭찬하다 / ❷许愿 xǔyuàn 약속하다 / ❸容许 róngxǔ 허락하다 / ❹或许 huòxǔ 아마, 어쩌면

300 造 zào
10획 辶부

造造造造造造造造造造

지을 조　❶만들다, 제작하다 / ❷조작하다, 날조하다 / ❸성취하다, 이루다
❶改造 gǎizào 개조하다 / ❷捏造 niēzào 날조하다 / ❸深造 shēnzào 조예가 깊다

301
务 wù (務) 5획 力부

务务务务务

힘쓸 무 ❶종사하다, 근무하다 / ❷일, 사무 / ❸반드시, 꼭
❶服务 fúwù 봉사하다 / ❷任务 rènwù 임무 / ❸务必 wùbì 반드시, 필히

302
流 liú 10획 氵부

流流流流流流流流流流

흐를 류 ❶흐르다, 떠돌다 / ❷종류, 등급
❶流动 liúdòng 흐르다, 유동하다 / ❷流品 liúpǐn 품격, 인품

303
治 zhì 8획 氵부

治治治治治治治治

다스릴 치 ❶다스리다 / ❷안정하다, 태평하다 / ❸치료하다, 고치다
❶统治 tǒngzhì 통치하다 / ❷治世 zhìshì 태평성대 / ❸医治 yīzhì 치료하다

304
领 lǐng (領) 11획 页부

领领领领领领领领领领领

거느릴 령 ❶목, 목덜미 / ❷통솔하다, 이끌다 / ❸영수하다, 수령하다
❶领带 lǐngdài 넥타이 / ❷领导 lǐngdǎo 영도하다 / ❸领到 lǐngdào 수령하다, 받다

305
联 lián (聯) 12획 耳부

联联联联联联联联联联联联

연할 련 연결하다, 연합하다, 합동하다
联系 liánxì 연계하다 / 联合 liánhé 연합하다 / 联盟 liánméng 연맹

306
金 jīn 8획 金부

金金金金金金金金

쇠 금 ❶금속 / ❷금, 황금 / ❸돈 / ❹성씨
❶合金 héjīn 합금 / ❷黄金 huángjīn 황금 / ❸资金 zījīn 자금 / ❹金老师 jīnlǎoshī 김선생님

313 指 zhǐ
9획 扌부

指指指指指指指指指

가리킬 지 ❶손가락 / ❷가리키다, 지적하다 / ❸기대다, 의지하다
❶手指 shǒuzhǐ 손가락 / ❷指示 zhǐshì 지시하다 / ❸指望 zhǐwàng 간절히 바라다

314 帮 bāng (幫)
9획 巾부

帮帮帮帮帮帮帮帮帮

도울 방 ❶돕다, 거들어주다 / ❷물체의 표면, 가장자리 / ❸집단, 무리
❶帮助 bāngzhù 돕다, 도와주다 / ❷床帮 chuángbāng 침대 가장자리 / ❸结帮 jiébāng 파벌을 만들다

315 目 mù
5획 目부

目目目目目

눈 목 ❶눈 / ❷목록, 종목 / ❸보다, 여기다, 간주하다
❶目前 mùqián 지금, 현재 / ❷目的 mùdì 목적 / ❸注目 zhùmù 주목하다

316 市 shì
5획 巾부

市市市市市

저자 시 ❶시장 / ❷도시 / ❸장사하다, 거래하다
❶市场 shìchǎng 시장 / ❷城市 chéngshì 도시 / ❸开市 kāishì 영업을 개시하다

317 快 kuài
7획 忄부

快快快快快快快

쾌할 쾌 ❶빠르다 / ❷빨리, 얼른 / ❸유쾌하다, 즐겁다 / ❹곧 (~하다)
❶飞快 fēikuài 신속하다 / ❷赶快 gǎnkuài 빨리 / ❸痛快 tòngkuài 통쾌하다 / ❹快要 kuàiyào 곧 (~하다)

318 千 qiān
3획 十부

千千千

일천 천 ❶천, 1000 / ❷매우 많다 / ❸절대로, 제발, 결코(千万의 준말)
❶千克 qiānkè 킬로그램(kg) / ❷千金 qiānjīn 천금, 큰 돈 / ❸千万 qiānwàn 필히, 반드시, 부디, 제발

319
导 dǎo (導) 6획 寸부

导导导导导导

이끌 도 ❶인도하다, 이끌다 / ❷지도하다 / ❸(영화, 연극 등을) 연출하다, 감독하다
❶领导 lǐngdǎo 영도하다 / ❷导师 dǎoshī 지도교사 / ❸导演 dǎoyǎn 연출하다

320
花 huā 7획 艹부

花花花花花花花

꽃 화 ❶꽃 / ❷무늬 / ❸얼룩얼룩한 / ❹쓰다, 소비하다
❶花园 huāyuán 화원, 꽃밭 / ❷花纹 huāwén 무늬 / ❸花白 huābái 희끗희끗하다 / ❹花费 huāfèi 소비하다

321
科 kē 9획 禾부

科科科科科科科科科

조목 과 ❶과(기관, 조직) / ❷법률 조문 / ❸부과하다, 내리다
❶科目 kēmù 과목 / ❷科条 kētiáo 법률 조문 / ❸科刑 kēxíng 형벌을 내리다

322
难 nán/nàn (難) 10획 又부

难难难难难难难难难难

어려울 난 ❶어렵다, 곤란하다 / ❷좋지 않다, 나쁘다 / ❸재난, 불행
❶困难 kùnnán 곤란하다 / ❷难听 nántīng 듣기 싫다 / ❸灾难 zāinàn 재난

323
深 shēn (深) 11획 氵부

深深深深深深深深深深深

깊을 심 ❶깊다, 깊숙하다 / ❷진하다, 짙다 / ❸오래되다, 늦다
❶深远 shēnyuǎn 깊고 크다 / ❷深色 shēnsè 짙은 색 / ❸深秋 shēnqiū 늦가을, 만추

324
保 bǎo 9획 亻부

保保保保保保保保保

보전할 보 ❶보호하다, 지키다 / ❷유지하다, 보존하다 / ❸보증하다, 책임지다
❶保护 bǎohù 보호하다 / ❷保存 bǎocún 보존하다 / ❸保证 bǎozhèng 보증하다

325
住 zhù
7획 亻부

住住住住住住住

머무를 주 ❶살다, 거주하다 / ❷숙박하다 / ❸멎다, 그치다
❶居住 jūzhù 거주하다 / ❷住宿 zhùsù 숙박하다 / ❸住步 zhùbù 멈추다, 정지하다

326
统 tǒng (統)
9획 纟부

统统统统统统统统统

거느릴 통 ❶계통 / ❷거느리다, 관할하다 / ❸종합하다, 합산하다
❶传统 chuántǒng 전통 / ❷统治 tǒngzhì 통치하다 / ❸统计 tǒngjì 합산하다

327
管 guǎn
14획 竹부

管管管管管管管管管管管管管管

피리 관 ❶관, 파이프 / ❷관리하다, 맡다 / ❸~에 관계없이, ~를 막론하고
❶管道 guǎndào 파이프 / ❷保管 bǎoguǎn 보관하다 / ❸不管 bùguǎn ~에 관계없이

328
处 chù/chǔ (處)
5획 夊부

处处处处处

곳 처 ❶곳, 장소 / ❷살다, 거주하다 / ❸처리하다 / ❹(어떤 상황에) 처하다
❶别处 biéchù 다른 곳 / ❷共处 gòngchǔ 공존하다 / ❸处理 chǔlǐ 처리하다 / ❹处死 chǔsǐ 사형에 처하다

329
认 rèn (認)
4획 讠부

认认认认

알 인 ❶알다, 인식하다 / ❷동의하다, 인정하다 / ❸감내하다, 감수하다
❶认出 rènchū 식별하다 / ❷否认 fǒurèn 부인하다 / ❸认苦子 rènkǔzi 고통을 감수하다

330
志 zhì
7획 心부

志志志志志志志

뜻 지 뜻, 의지, 소망
意志 yìzhì 의지 / 志气 zhìqi 패기, 야심 / 志愿 zhìyuàn 포부, 희망

331 图 tú (圖) 8획 口부
图图图图图图图图
그림 도 ❶그림, 도표 / ❷계획하다, 도모하다 / ❸의도, 계획
❶地图 dìtú 지도 / ❷企图 qǐtú 꾀하다 / ❸意图 yìtú 의도

332 则 zé (則) 6획 贝부
则则则则则则
법칙 칙 ❶규범, 규칙 / ❷본받다, 따르다 / ❸조항, 토막
❶原则 yuánzé 원칙 / ❷则效 zéxiào 본받다 / ❸一则 yīzé 한 토막

333 研 yán/yàn 9획 石부
研研研研研研研研
갈 연 ❶갈다 / ❷연구하다, 탐구하다 / ❸벼루(번체 硯 : 벼루연)
❶研粉 yánfěn 갈아서 가루로 만들다 / ❷研究 yánjiū 연구하다 / ❸研 yàn 벼루

334 劳 láo (勞) 7획 力부
劳劳劳劳劳劳劳
수고할 로 ❶일하다, 노동하다 / ❷폐를 끼치다 / ❸피로하다 / ❹공로, 공훈
❶劳动 láodòng 노동 / ❷劳烦 láofán 폐를 끼치다 / ❸劳瘁 láocuì 피로하다 / ❹功劳 gōngláo 공로

335 每 měi 7획 母부
每每每每每每每
매양 매 ❶매, 각, ~마다 / ❷늘, 항상
❶每次 měicì 매번 / ❷每常 měicháng 늘, 언제나

336 场 cháng (場) 6획 土부
场场场场场场场
마당 장 ❶장소, 무대 / ❷~회, ~번, ~차례(양사)
❶场所 chǎngsuǒ 장소 / ❷一场 yīchǎng 한 번, 한 차례

337

带
dài
(帶)
9획 巾부

带带带带带带带带带

띠 대 ❶띠, 끈, 벨트 / ❷지대, 구역 / ❸몸에 지니다, 휴대하다
❶带儿 dàir 띠, 줄 / ❷地带 dìdài 지대 / ❸携带 xiédài 휴대하다

338

亲
qīn
(親)
9획 立부

亲亲亲亲亲亲亲亲亲

친할 친 ❶부모 / ❷친척, 일가 / ❸혼인, 결혼 / ❹친하다
❶父亲 fùqīn 부친 / ❷亲戚 qīnqī 친척 / ❸结亲 jiéqīn 결혼하다 / ❹亲切 qīnqiè 친절하다

339

至
zhì
6획 土부

至至至至至至

이를 지 ❶~에 이르다 / ❷~에 관한 한은, ~까지 / ❸지극히, 매우
❶至于 zhìyú ~의 정도에 이르다 / ❷甚至 shènzhì 심지어 / ❸至大 zhìdà 지대하다

340

根
gēn
10획 木부

根根根根根根根根根

뿌리 근 ❶뿌리 / ❷자손, 후대 / ❸본질, 근본
❶根毛 gēnmáo 뿌리털 / ❷根代 gēndài 후손, 후예 / ❸根本 gēnběn 근본

341

更
gēng/gèng
7획 一부

更更更更更更更

고칠 경 ❶바꾸다, 고치다 / ❷경험하다 / ❸더욱, 한층 더(更 : 다시 갱)
❶变更 biàngēng 변경하다 / ❷更事 gēngshì 경험을 쌓다 / ❸更加 gèngjiā 더욱 더, 한층

342

斗
dòu
(鬪)
4획 斗부

斗斗斗斗

싸울 투 ❶싸우다, 경쟁하다 / ❷(곡식 등의 분량을 세는) 말, 두(斗:말 두) / ❸말처럼 생긴 것(斗:말 두)
❶斗争 dòuzhēng 투쟁하다 / ❷斗店 dòudiàn 곡물가게 / ❸北斗 běidǒu 북두칠성

349 非 fēi
8획 丨부

非非非非非非非非

아닐 비 ❶잘못, 그름 / ❷~에 맞지 않다 / ❸~이 아니다
❶是非 shìfēi 옳고 그름 / ❷非礼 fēilǐ 예의에 어긋난다 / ❸并非 bìngfēi 결코 ~이 아니다

350 料 liào
10획 米부

料料料料料料料料料料

헤아릴 료 ❶예상하다, 짐작하다 / ❷관리하다, 돌보다 / ❸재료, 원료
❶不料 bùliào 예상 밖으로, 뜻밖에 / ❷照料 zhàoliào 보살피다 / ❸材料 cáiliào 재료

351 何 hé
7획 亻부

何何何何何何何

어찌 하 ❶무슨, 누구 / ❷어디 / ❸왜, 어째서
❶任何 rènhé 어떠한 / ❷何处 héchù 어디 / ❸为何 wèihé 왜

352 呢 ne
8획 口부

呢呢呢呢呢呢呢呢

소곤거릴 니 의문문의 끝에 쓰여 의문의 어기를 나타냄
您呢? nínne 당신은요? / 什么好呢? shénmehǎone 무엇이 좋을까요?

353 热 rè (熱)
10획 灬부

热热热热热热热热热热

더울 열 ❶열, 에너지 / ❷(온도가) 높다, 뜨겁다, 덥다 / ❸부러워하다, 탐을 내다
❶高热 gāorè 고열 / ❷热烈 rèliè 열렬하다 / ❸热中 rèzhōng 간절히 바라다

354 术 shù (術)
5획 木부

术术术术术

꾀 술 ❶기술, 기교 / ❷수단, 방법, 책략
❶技术 jìshù 기술 / ❷战术 zhànshù 전술

355 夫 fū
夫夫夫夫

4획 大부

지아비 부 ❶남편 / ❷성년 남자 / ❸부역꾼
❶夫妻 fūqī 부부 / ❷匹夫 pǐfū 필부, 평범한 사람 / ❸夫子 fūzi 인부, 부역꾼

356 眼 yǎn
眼眼眼眼眼眼眼眼眼眼

11획 目부

눈 안 ❶눈 / ❷시력, 안목 / ❸구멍, 동굴
❶眼镜 yǎnjìng 안경 / ❷眼力 yǎnlì 시력 / ❸鼻子眼儿 bíziyǎnr 콧구멍

357 交 jiāo
交交交交交交

6획 亠부

사귈 교 ❶주다, 제출하다 / ❷(어떤 시간, 계절 등이) 되다 / ❸교차하다, 연결하다
❶转交 zhuǎnjiāo 전달하다 / ❷交春 jiāochūn 봄이 되다 / ❸交叉 jiāochā 교차하다

358 布 bù
布布布布布

5획 巾부

베 포 ❶천, 포 / ❷선고하다, 선포하다 / ❸흩어지다, 분산하다 / ❹배치하다
❶抹布 mābù 행주, 걸레 / ❷宣布 xuānbù 선포하다 / ❸散布 sànbù 흩어지다 / ❹布置 bùzhì 배치하다

359 石 shí
石石石石石

5획 石부

돌 석 돌, 돌덩이
石油 shíyóu 석유 / 宝石 bǎoshí 보석 / 矿石 kuàngshí 광석

360 达 dá (達)
达达达达达达

6획 辶부

통할 달 ❶통하다 / ❷도착하다, 이르다 / ❸통달하다, 이해하다 / ❹나타내다, 알리다
❶直达 zhídá 직통하다 / ❷到达 dàodá 도달하다 / ❸达人 dárén 달인 / ❹表达 biǎodá 나타내다

361 步 bù — 7획 止부

步步步步步步步

걸을 보 ❶걸음, 보폭 / ❷단계, 순서 / ❸상태, 정도
❶步行 bùxíng 걸어서 가다 / ❷进一步 jìnyībù 진일보하여 / ❸地步 dìbù (좋지 않은) 형편, 처지

362 拉 lā — 8획 扌부

拉拉拉拉拉拉拉拉

끌 랍 ❶끌다, 당기다 / ❷실어 나르다 / ❸켜다, 연주하다
❶拉车 lāchē 수레를 끌다 / ❷拉运 lāyùn 끌어 나르다 / ❸拉小提琴 lāxiǎotíqín 바이올린을 켜다

363 众 zhòng (衆) — 6획 人부

众众众众众众

무리 중 ❶많다 / ❷많은 사람
❶众多 zhòngduō 매우 많다 / ❷群众 qúnzhòng 군중, 대중

364 省 xǐng/shěng — 9획 目부

省省省省省省省省省

살필 성 ❶반성하다 / ❷문안드리다 / ❸깨닫다, 알다 / ❹아끼다, 절약하다(省 : 덜 생)
❶反省 fǎnxǐng 반성하다 / ❷归省 guīxǐng 귀성하다 / ❸省悟 xǐngwù 깨닫다 / ❹节省 jiéshěng 절약하다

365 风 fēng (風) — 4획 风부

风风风风

바람 풍 ❶바람 / ❷태도, 자태 / ❸소식, 소문 / ❹경치, 풍경
❶风力 fēnglì 풍력 / ❷风度 fēngdù 훌륭한 태도 / ❸风闻 fēngwén 떠도는 소문 / ❹风景 fēngjǐng 풍경

366 据 jù (據) — 11획 扌부

据据据据据据据据据据

의거할 거 ❶점거하다, 차지하다 / ❷의지하다, 기대다 / ❸~에 의거하여 / ❹증거, 증서
❶占据 zhànjù 점거하다 / ❷据点 jùdiǎn 거점 / ❸依据 yījù ~에 따르면 / ❹证据 zhèngjù 증거

367 奸 jiān 6획 女부

奸奸奸奸奸奸

간악할 간　❶간사하다 / ❷변절자, 배신자 / ❸간음하다
❶奸滑 jiānhuá 교활하다 / ❷内奸 nèijiān 첩자 / ❸奸淫 jiānyín 간음하다

368 增 zēng 15획 土부

增增增增增增增增增增增增增增增

더할 증　늘다, 증가하다, 많아지다
增加 zēngjiā 증가하다 / 增长 zēngzhǎng 성장하다 / 增强 zēngqiáng 증강하다

369 程 chéng 12획 禾부

程程程程程程程程程程程程

한도 정　❶규칙, 표준 / ❷순서, 과정 / ❸여정, 여행의 경로
❶章程 zhāngchéng 규칙, 규정 / ❷工程 gōngchéng 공정 / ❸行程 xíngchéng 여정

370 火 huǒ 4획 火부

火火火火

불 화　❶불 / ❷총포, 탄약 / ❸긴급하다, 절박하다
❶灯火 dēnghuǒ 등불 / ❷火药 huǒyào 화약 / ❸火急 huǒjí 화급하다

371 团 tuán (團) 6획 囗부

团团团团团团

둥글 단　❶둥글다 / ❷덩어리, 뭉치 / ❸단체, 집단
❶团扇 tuánshàn 둥근 부채 / ❷团饭 tuánfàn 주먹밥 / ❸团体 tuántǐ 단체

372 字 zì 6획 宀부

字字字字字字

글 자　❶글자, 문자 / ❷자체, 글꼴 / ❸증서, 증명서
❶汉字 hànzì 한자 / ❷简体字 jiǎntǐzì 간체자, 약자 / ❸立字(儿) lìzì(r) 증서를 쓰다

373
却 què
7획 卩부

却却却却却却却

물리칠 각 ❶물러나다, 후퇴하다 / ❷~해 버리다 / ❸도리어, 반대로, 그러나
❶退却 tuìquè 퇴각하다 / ❷冷却 lěngquè 냉각시키다 / ❸却来 quèlái 도리어, 거꾸로

374
油 yóu
8획 氵부

油油油油油油油油

기름 유 ❶기름 / ❷(기름, 도료 등을) 바르다, 칠하다 / ❸미끌미끌하다, 교활하다
❶汽油 qìyóu 휘발유 / ❷油刷 yóushuā 페인트를 칠하다 / ❸油光 yóuguāng 반들반들하다

375
米 mǐ
6획 米부

米米米米米米

쌀 미 ❶쌀 / ❷미터(meter)
❶米饭 mǐfàn 쌀밥 / ❷千米 qiānmǐ 킬로미터(km, 公里)

376
委 wěi
8획 禾부

委委委委委委委委

맡길 위 ❶위임하다, 위탁하다 / ❷포기하다, 버리다 / ❸쌓아 올리다 / ❹시들다
❶委托 wěituō 위탁하다 / ❷委弃 wěiqì 저버리다 / ❸委积 wěijī 축적하다 / ❹委软 wěiruǎn 시들다

377
色 sè
6획 ⺈부

色色色色色色

색 색 ❶색, 색깔 / ❷안색, 낯빛 / ❸종류 / ❹모양, 정경
❶色彩 sècǎi 색채 / ❷色变 sèbiàn 안색이 변하다 / ❸货色 huòsè 상품의 종류 / ❹景色 jǐngsè 경치

378
式 shì
6획 弋부

式式式式式式

법 식 ❶양식, 모양 / ❷격식, 규격, 형식 / ❸의례, 예식
❶式样 shìyàng 양식, 스타일 / ❷形式 xíngshì 형식 / ❸仪式 yíshì 의식, 예식

379 切 qiē/qiè
4획 刀부

切切切切

끊을 절 ❶자르다, 끊다 / ❷부합되다(切:절박할절) / ❸절실하다(切:절박할절) / ❹모두, 전부(切:모두체)
❶切断 qiēduàn 절단하다 / ❷切合 qièhé 적합하다 / ❸迫切 pòqiè 절박하다 / ❹一切 yīqiè 일체

380 望 wàng
11획 王부

望望望望望望望望望望望

바라볼 망 ❶바라보다, 관망하다 / ❷방문하다 / ❸희망하다 / ❹명망, 명성
❶展望 zhǎnwàng 전망하다 / ❷看望 kànwàng 문안하다 / ❸希望 xīwàng 희망하다 / ❹名望 míngwàng 명망

381 器 qì
16획 口부

器器器器器器器器器器器器器器器器

그릇 기 ❶그릇, 기구 / ❷신체기관 / ❸재능, 인재 / ❹중히 여기다
❶器具 qìjù 기구 / ❷消化器 xiāohuàqì 소화기관 / ❸器量 qìliàng 도량 / ❹器重 qìzhòng 중시하다, 신임하다

382 办 bàn (辦)
4획 力부

办办办办

힘쓸 판 ❶(어떤 일을) 처리하다 / ❷창설하다, 운영하다 / ❸구입하다, 장만하다
❶办事 bànshì 일을 처리하다 / ❷开办 kāibàn 설립하다 / ❸办货 bànhuò 구입하다

383 群 qún
13획 羊부

群群群群群群群群群群群群群

무리 군 ❶무리, 떼 / ❷군중, 대중
❶群岛 qúndǎo 군도 / ❷群众 qúnzhòng 군중, 대중

384 观 guān (觀)
6획 见부

观观观观观观

볼 관 ❶보다, 구경하다 / ❷모습, 경치, 풍경 / ❸견해, 관점
❶观察 guānchá 관찰하다 / ❷壮观 zhuàngguān 장관 / ❸观点 guāndiǎn 관점, 입장

385 算 suàn
14획 竹부

算算算算算算算算算算算算算算

셀 산　❶계산하다, 셈하다 / ❷계획하다, 꾸미다 / ❸추측하다, 헤아리다
❶计算 jìsuàn 계산하다　❷打算 dǎsuàn 계획하다　❸算来 suànlái 추측해 보다

386 调 diào/tiáo (調)
10획 讠부

调调调调调调调调调

고를 조　❶이동하다, 파견하다 / ❷조사하다 / ❸일정하다, 알맞다 / ❹배합하다
❶调职 diàozhí 전임하다　❷调查 diàochá 조사하다　❸协调 xiétiáo 적당하다　❹调味 tiáowèi 맛을 내다

387 母 mǔ
5획 母부

母母母母母

어미 모　어머니, 모친
母亲 mǔqīn 어머니　/　字母 zìmǔ 자모, 알파벳　/　分母 fēnmǔ 분모(수 단위)

388 土 tǔ
3획 土부

土土土

흙 토　❶흙, 토양 / ❷토지, 땅 / ❸토착의, 현지의
❶泥土 nítǔ 점토, 진흙　❷国土 guótǔ 국토　❸土产 tǔchǎn 토산품

389 较 jiào (較)
10획 车부

较较较较较较较较较较

비교할 교　❶비교하다, 견주다 / ❷비교적, 좀, 보다 / ❸분명하다, 뚜렷하다
❶比较 bǐjiào 비교하다　❷较好 jiàohǎo 비교적 좋다　❸较著 jiàozhù 분명하다

390 请 qǐng (請)
10획 讠부

请请请请请请请请请请

청할 청　❶요청하다, 부탁하다 / ❷초청하다, 초대하다
❶请假 qǐngjià 휴가를 청하다　❷请帖 qǐngtiě 초청장

391 元 yuán 4획 儿부

元元元元

으뜸 원　❶처음의, 시작의 / ❷으뜸의, 제일의 / ❸중요한, 근본적인
❶纪元 jìyuán 기원 / ❷元首 yuánshǒu 원수, 우두머리 / ❸元本 yuánběn 근본, 근원

392 爱 ài (愛) 10획 爪부

爱爱爱爱爱爱爱爱爱爱

사랑 애　❶사랑하다 / ❷~하기 좋아하다 / ❸아끼다, 소중히 하다
❶爱情 àiqíng 애정 / ❷爱游泳 àiyóuyǒng 수영하기를 좋아한다 / ❸爱护 àihù 아끼고 보호하다

393 持 chí 9획 扌부

持持持持持持持持持

가질 지　❶가지다, 잡다 / ❷지키다, 지속하다 / ❸장악하다, 주관하다
❶持笔 chíbǐ 집필하다 / ❷坚持 jiānchí 견지하다 / ❸主持 zhǔchí 주관하다

394 清 qīng 11획 氵부

清清清清清清清清清清清

맑을 청　❶깨끗하다, 맑다 / ❷공정하다, 결백하다 / ❸조용하다 / ❹분명하다
❶清新 qīngxīn 신선하다 / ❷清廉 qīnglián 청렴하다 / ❸清夜 qīngyè 고요한 밤 / ❹清楚 qīngchu 명백하다

395 广 guǎng (廣) 3획 广부

广广广

넓을 광　❶넓다, 광범하다 / ❷많다 / ❸확대하다, 넓히다
❶广场 guǎngchǎng 광장 / ❷广众 guǎngzhòng 군중 / ❸推广 tuīguǎng 확충하다

396 张 zhāng (張) 7획 弓부

张张张张张张张

펼 장　❶펴다, 뻗다 / ❷진열하다 / ❸확대하다, 과장하다
❶张开 zhāngkāi 펼치다 / ❷张陈 zhāngchén 진열하다 / ❸扩张 kuòzhāng 확장하다

397 连 lián (連) 7획 辶부

连连连连连连连

이을 련 ❶연결하다, 잇다 / ❷연속해서, 이어서 / ❸합하다, 포함하다
❶连词 liáncí 접속사 / ❷接连 jiēlián 연달아 / ❸连根拔 liángēnbá 뿌리째 뽑아 버리다

398 压 yā (壓) 6획 厂부

压压压压压压

누를 압 ❶압력을 가하다 / ❷안정시키다, 억제하다 / ❸압도하다, 능가하다
❶电压 diànyā 전압 / ❷压制 yāzhì 억제하다 / ❸压倒 yādǎo 압도하다

399 觉 jué/jiào (覺) 9획 见부

觉觉觉觉觉觉觉觉觉

깨달을 각 ❶감각, 느낌 / ❷깨닫다, 깨우치다 / ❸수면, 잠(觉：깰 교)
❶感觉 gǎnjué 감각 / ❷觉悟 juéwù 깨닫다 / ❸睡觉 shuìjiào 잠자다

400 识 shí (識) 7획 讠부

识识识识识识识

알 식 ❶알다, 식별하다 / ❷지식, 식견
❶识别 shíbié 식별하다 / ❷常识 chángshí 상식

401 林 lín 8획 木부

林林林林林林林林

수풀 림 ❶숲, 수풀 / ❷많다, 빽빽하다 / ❸집단, 계
❶林区 línqū 삼림 지구 / ❷林立 línlì 즐비하다 / ❸艺林 yìlín 예술계

402 际 jì (際) 7획 阝부

际际际际际际际

끝 제 ❶가장자리 / ❷가운데, 속 / ❸사이, 피차간 / ❹시기, 때, 즈음
❶水际 shuǐjì 물가 / ❷脑际 nǎojì 뇌리, 머릿속 / ❸交际 jiāojì 교제하다 / ❹临别之际 línbiézhījì 헤어질 때

403

举 jǔ (擧) 9획 丶부

举举举举举举举举
들 거 ❶들어 올리다, 쳐들다 / ❷거동하다, 행동하다 / ❸일으키다
❶举手 jǔshǒu 손을 들다 / ❷举动 jǔdòng 거동하다 / ❸举兵 jūbīng 군사를 일으키다

404

即 jí (卽) 7획 卩부

即即即即即即即
곧 즉 ❶이르다, 맡다 / ❷바로, 즉시, 곧 / ❸설령 ~할지라도
❶即位 jíwèi 즉위하다 / ❷立即 lìjí 즉시, 바로 / ❸即使 jíshǐ 설령 ~할지라도

405

死 sǐ 6획 歹부

死死死死死死
죽을 사 ❶죽다 / ❷버리다, 그만두다 / ❸한사코, 필사적으로
❶死别 sǐbié 사별하다 / ❷死心 sǐxīn 단념하다 / ❸死不 sǐbù 한사코 ~하지 않다

406

专 zhuān (專) 4획 一부

专专专专
오로지 전 ❶전문적이다 / ❷독차지하다, 독점하다 / ❸특별하다
❶专家 zhuānjiā 전문가 / ❷专卖 zhuānmài 전매하다 / ❸专场 zhuānchǎng 특별 공연

407

局 jú 7획 尸부

局局局局局局局
판 국 ❶형세, 형편 / ❷기량, 도량 / ❸부분, 일부 / ❹국(조직 단위)
❶局面 júmiàn 국면, 형세 / ❷局量 júliàng 도량, 품덕 / ❸局部 júbù 일부분 / ❹局长 júzhǎng 국장

408

类 lèi (類) 9획 米부

类类类类类类类类类
무리 류 ❶종류, 부류 / ❷유사하다, 닮다
❶类别 lèibié 분류하다 / ❷类似 lèisì 유사하다

409 空 kōng/kòng
8획 穴부

空空空空空空空空
빌 공 ❶텅 비다 / ❷하늘, 공중 / ❸헛되이, 공연히 / ❹틈, 여백
❶空车 kōngchē 빈차 / ❷航空 hángkōng 항공 / ❸空想 kōngxiǎng 공상하다 / ❹空白 kōngbái 공백

410 单 dān (單)
8획 八부

单单单单单单单单
홑 단 ❶하나의, 홀수의, 단독의 / ❷단지, 겨우 / ❸복잡하지 않다
❶单独 dāndú 단독으로 / ❷单只 dānzhǐ 단지, 다만 / ❸简单 jiǎndān 간단하다

411 权 quán (權)
6획 木부

权权权权权权
권세 권 ❶저울 추 / ❷권력, 권세 / ❸권리 / ❹임시의, 임기응변의
❶权度 quándù 저울과 자 / ❷政权 zhèngquán 정권 / ❸权利 quánlì 권리 / ❹权变 quánbiàn 임기응변하다

412 毛 máo
4획 毛부

毛毛毛毛
털 모 ❶털, 깃털 / ❷초목, 풀 / ❸거칠다, 투박하다 / ❹작다, 어리다
❶毛线 máoxiàn 털실 / ❷不毛之地 bùmáozhīdì 불모지 / ❸毛糙 máocao 조잡하다 / ❹毛孩儿 máoháir 어린애

413 师 shī (師)
6획 丿부

师师师师师师
스승 사 ❶스승, 선생 / ❷본보기, 모범 / ❸~사, ~가(전문인을 이르는 말)
❶老师 lǎoshī 선생님(교사) / ❷师法 shīfǎ 모범으로 삼다 / ❸医师 yīshī 의사

414 商 shāng
11획 亠부

商商商商商商商商商
장사 상 ❶상의하다, 상담하다 / ❷상업, 장사 / ❸상인, 장사꾼
❶商量 shāngliang 상의하다 / ❷商店 shāngdiàn 상점 / ❸粮商 liángshāng 미곡상, 곡물상

415 孩 hái
9획 子부

孩孩孩孩孩孩孩孩孩

어린아이 해 소아, 어린이

小孩儿 xiǎoháir 어린이 / 孩子 háizi 아이(18세 미만 미성년자) / 男孩儿 nánháir 남자 아이

416 装 zhuāng
(裝)
12획 衣부

装装装装装装装装装装装装

꾸밀 장 ❶꾸미다, 치장하다 / ❷복장, 옷차림 / ❸숨기다, 가장하다 / ❹장치하다, 달다

❶包装 bāozhuāng 포장 / ❷服装 fúzhuāng 복장 / ❸乔装 qiáozhuāng 가장하다 / ❹安装 ānzhuāng 설치하다

417 批 pī
7획 扌부

批批批批批批批

칠 비 ❶(손바닥으로) 때리다 / ❷허가하다, 승인하다 / ❸비판하다, 비평하다

❶批颊 pījiá (손바닥으로) 뺨을 치다 / ❷批准 pīzhǔn 비준하다 / ❸批评 pīpíng 비평하다

418 府 fǔ
8획 广부

府府府府府府府府

고을 부 ❶관청, 관공서 / ❷부(저택) / ❸관청의 문서 등을 보관하는 곳

❶政府 zhèngfǔ 정부 / ❷府第 fǔdì 관저, 저택 / ❸书府 shūfǔ 서고

419 找 zhǎo
7획 扌부

找找找找找找找

찾을 조 ❶찾다, 구하다 / ❷자초하다 / ❸(부족한 것을) 채우다, (초과된 부분을) 돌려주다

❶找遍 zhǎobian 널리 찾다 / ❷找病 zhǎobìng 사서 고생하다 / ❸找补 zhǎobu 보충하다

420 往 wǎng
8획 彳부

往往往往往往往往

갈 왕 ❶가다 / ❷향하다, 지향하다 / ❸과거의, 이전의

❶来往 láiwǎng 왕래하다 / ❷前往 qiánwǎng ~로 향해 가다 / ❸往年 wǎngnián 왕년, 예전

421
王 wáng
4획 王부

王 王 王

王王王王

임금 왕　❶왕, 임금 / ❷항렬이 가장 높은 / ❸가장 강한, 최강의
❶国王 guówáng 국왕 / ❷王母 wángmǔ 할머니에 대한 존칭 / ❸王水 wángshuǐ 왕수

422
校 xiào/jiào
10획 木부

校 校 校

校校校校校校校校校校

학교 교　❶학교 / ❷영관 / ❸정정하다(校: 교정할 교) / ❹비교하다, 겨루다(校: 교정할 교)
❶学校 xuéxiào 학교 / ❷上校 shàngxiào 대령 / ❸校正 jiàozhèng 교정하다 / ❹校核 jiàohé 대조 검토하다

423
该 gāi (該)
8획 讠부

该 该 该

该该该该该该该该

갖출 해　❶~해야 한다 / ❷~의 차례다 / ❸빚지다
❶应该 yīnggāi 마땅히 ~해야한다 / ❷该我了 gāiwǒle 내 차례다 / ❸该钱 gāiqián 빚지다

424
未 wèi
5획 木부

未 未 未

未未未未未

아닐 미　❶~한 적이 없다 / ❷~이 아니다
❶未来 wèilái 미래의 / ❷未必 wèibì 반드시 ~한 것은 아니다

425
席 xí
10획 广부

席 席 席

席席席席席席席席席席

자리 석　좌석, 자리
出席 chūxí 출석하다 / 首席 shǒuxí 맨 윗자리 / 宴席 yànxí 연회석

426
约 yuē (約)
6획 纟부

约 约 约

约约约约约约

묶을 약　❶약속하다 / ❷초청하다 / ❸절약하다, 아끼다 / ❹대강, 개략, 대충
❶约定 yuēdìng 약정하다 / ❷约请 yuēqǐng 초청하다 / ❸节约 jiéyuē 절약하다 / ❹大约 dàyuē 대략

433
转 zhuǎn/zhuàn (轉) 8획 车부

转 转 转

转转转转转转转转

구를 전 ❶바꾸다, 전환하다 / ❷전하다, 송달하다 / ❸회전하다
❶转化 zhuǎnhuà 바꾸다 / ❷转达 zhuǎndá 전달하다 / ❸转门 zhuànmén 회전문

434
须 xū (須) 9획 彡부

须 须 须

须须须须须须须须须

모름지기 수 ❶반드시 ~해야 한다 / ❷수염(번체 鬚: 수염 수)
❶必须 bìxū 반드시, 꼭 / ❷须眉 xūméi 수염과 눈썹

435
半 bàn 5획 八부

半 半 半

半半半半半

반 반 ❶절반 / ❷매우 적은 양 / ❸불완전하게, 충분치 않게
❶半数 bànshù 반수, 절반 / ❷一言半辞 yīyánbàncí 한두 마디의 말 / ❸半旧 bànjiù 중고의

436
习 xí (習) 3획 乛부

习 习 习

习习习

익힐 습 ❶습관, 풍습 / ❷연습하다, 배우다 / ❸익숙하다, 능하다 / ❹늘, 항상, 익히
❶习惯 xíguàn 습관 / ❷练习 liànxí 연습하다 / ❸熟习 shúxí 숙달되다 / ❹习闻 xíwén 익히 듣다

437
青 qīng 8획 青부

青 青 青

青青青青青青青青

푸를 청 ❶푸르다 / ❷검다, 까맣다 / ❸어리다, 젊다
❶青天 qīngtiān 푸른 하늘 / ❷青发 qīngfà 검은 머리털 / ❸青年 qīngnián 청년

438
早 zǎo 6획 日부

早 早 早

早早早早早早

이를 조 ❶아침 / ❷이미, 일찌감치 / ❸이르다, 빠르다
❶早报 zǎobào 조간신문 / ❷早就 zǎojiù 이미, 진작 / ❸早春 zǎochūn 이른 봄

439
规 guī (規) 8획 见부

规规规规规规规规

법 규   ❶규칙, 규정 / ❷규모 / ❸권고하다, 충고하다 / ❹계획하다, 꾀하다
❶规定 guīdìng 규정 / ❷规模 guīmó 규모 / ❸规劝 guīquàn 충고하다 / ❹规谋 guīmóu 책략을 꾸미다

440
验 yàn (驗) 10획 马부

验验验验验验验验验

증험할 험   ❶검증하다, 조사하다 / ❷영험하다, 효과가 있다 / ❸효과, 효력
❶体验 tǐyàn 경험하다 / ❷灵验 língyàn 영험하다 / ❸效验 xiàoyàn 효험, 효과

441
拿 ná 10획 人부

拿拿拿拿拿拿拿拿拿拿

잡을 나   ❶(손에) 쥐다, 가지다 / ❷잡다, 취하다 / ❸장악하다, 거머쥐다
❶拿走 názǒu 가지고 가다 / ❷拿捕 nábǔ 체포하다 / ❸拿权 náquán 권력을 잡다

442
服 fú 8획 月부

服服服服服服服服

옷 복   ❶옷, 의복 / ❷먹다, 복용하다 / ❸복종하다, 따르다
❶衣服 yīfu 의복 / ❷服用 fúyòng 복용하다 / ❸服从 fúcóng 복종하다

443
节 jié (節) 5획 艹부

节节节节节

마디 절   ❶마디, 관절 / ❷박자, 단락 / ❸명절, 절기 / ❹절약하다, 제한하다
❶关节 guānjié 관절 / ❷音节 yīnjié 음절 / ❸节日 jiérì 기념일 / ❹节约 jiéyuē 절약하다

444
精 jīng 14획 米부

精精精精精精精精精精精

찧을 정   ❶정제한, 순수한 / ❷훌륭하다, 완전하다 / ❸정밀하다 / ❹정신, 정력
❶精白 jīngbái 새하얗다 / ❷精彩 jīngcǎi 훌륭하다 / ❸精巧 jīngqiǎo 정교하다 / ❹精神 jīngshén 정신

83

445
树 shù (樹) 11획 木부

树树树树树树树树树

나무 수 ❶나무, 수목 / ❷심다, 재배하다 / ❸세우다, 건립하다
❶树林 shùlín 숲, 수풀 / ❷树兰 shùlán 난을 심다 / ❸树立 shùlì 수립하다

446
传 chuán (傳) 6획 亻부

传传传传传传

전할 전 ❶전하다 / ❷전수하다 / ❸전파하다, 퍼뜨리다
❶传达 chuándá 전달하다 / ❷传统 chuántǒng 전통 / ❸传开 chuánkāi 사방에 퍼지다

447
备 bèi (備) 8획 夂부

备备备备备备备备

갖출 비 ❶구비하다, 갖추다 / ❷방비하다, 대비하다 / ❸설비, 장비
❶具备 jùbèi 구비하다 / ❷备用 bèiyòng 비축하다 / ❸装备 zhuāngbèi 장비

448
钱 qián (錢) 10획 钅부

钱钱钱钱钱钱钱钱钱钱

돈 전 ❶동전, 주화 / ❷화폐, 금전 / ❸비용, 경비, 자금
❶铜钱 tóngqián 동전 / ❷现钱 xiànqián 현금 / ❸饭钱 fànqián 식대

449
技 jì 7획 扌부

技技技技技技技

재주 기 기능, 기술, 솜씨
技术 jìshù 기술 / 技能 jìnéng 기능 / 杂技 zájì 서커스, 곡예

450
讲 jiǎng (講) 6획 讠부

讲讲讲讲讲讲

이야기할 강 ❶말하다, 얘기하다 / ❷해설하다, 설명하다 / ❸상의하다, 의논하다
❶讲话 jiǎnghuà 말하다 / ❷讲解 jiǎngjiě 설명하다 / ❸讲定 jiǎngdìng 의논하여 정하다

451
告 gào
7획 口부

告告告告告告告

알릴 고 ❶말하다, 알리다 / ❷고발하다, 신고하다 / ❸청구하다, 신청하다
❶广告 guǎnggào 광고 / ❷告发 gàofā 고발하다 / ❸告假 gàojià 휴가를 신청하다

452
德 dé
15획 彳부

德德德德德德德德德德德

덕 덕 ❶도덕, 품행 / ❷성의, 마음 / ❸은혜, 은덕
❶道德 dàodé 도덕 / ❷一心一德 yīxīnyīdé 한마음 한뜻 / ❸戴德 dàidé 은혜를 입다

453
参 cān (參)
8획 厶부

参参参参参参参参

참가할 참 ❶가입하다, 참여하다 / ❷참고하다 / ❸배알하다, 뵙다
❶参加 cānjiā 참가하다 / ❷参考 cānkǎo 참고하다 / ❸参谒 cānyè 배알하다, 만나 뵙다

454
斯 sī
12획 斤부

斯斯斯斯斯斯斯斯斯斯斯

이 사 여기, 이(것), 즉, 이에, ~의
斯时 sīshí 이 때 / 如斯 rúsī 이와 같다

455
具 jù
8획 八부

具具具具具具具具

갖출 구 ❶기구, 도구 / ❷재능, 재간 / ❸갖추다, 구비하다
❶工具 gōngjù 공구 / ❷才具 cáijù 재능, 능력 / ❸具备 jùbèi 구비하다

456
织 zhī (織)
8획 纟부

织织织织织织织织

짤 직 ❶방직하다, 짜다 / ❷결합하다, 조성하다
❶纺织 fǎngzhī 방직하다 / ❷组织 zǔzhī 조직하다

457 集 jí
12획 隹부

集集集集集集集集集集集

모일 집 ❶모이다, 모으다 / ❷장마당, 시장 / ❸문집, 서책
❶集合 jíhé 집합하다 / ❷赶集 gǎnjí 장에 가다 / ❸全集 quánjí 전집

458 病 bìng
10획 疒부

病病病病病病病病病病

병 병 ❶질병, 병들다 / ❷결함, 과실 / ❸해악, 폐단
❶看病 kànbìng 진료하다 / ❷毛病 máobìng 결점, 결함 / ❸弊病 bìbìng 병폐, 폐단

459 友 yǒu
4획 又부

友友友友

벗 우 ❶친구, 벗 / ❷친하다, 우호적이다
❶朋友 péngyou 친구 / ❷友爱 yǒuài 가깝다, 친밀하다

460 谈 tán (談)
10획 讠부

谈谈谈谈谈谈谈谈谈谈

이야기 담 말하다, 이야기하다, 말, 담화
会谈 huìtán 회담하다 / 座谈 zuòtán 좌담하다 / 美谈 měitán 미담

461 示 shì
5획 示부

示示示示示

보일 시 가리키다, 알리다, 보이다, 나타내다
表示 biǎoshì 표시하다 / 指示 zhǐshì 지시하다 / 展示 zhǎnshì 전시하다

462 积 jī (積)
10획 禾부

积积积积积积积积积积

쌓을 적 ❶쌓다, 축적하다 / ❷오랜 기간 누적된, 오래된 / ❸승적(수학의 명칭)
❶积蓄 jīxù 저축하다 / ❷积习 jīxí 오랜 습관 / ❸面积 miànjī 면적

463
亚 yà (亞) 6획 二부

亚亚亚亚亚亚

버금 아　다음가다, 뒤떨어지다, 제 2의
亚军 yàjūn 준우승, 2위 / 亚流 yàliú 아류 / 亚于 yàyú ~에 버금가다

464
复 fù (復) 9획 夂부

复复复复复复复复复

다시 복　❶돌아오다 / ❷대답하다 / ❸회복하다 / ❹중복하다(번체 複 : 겹칠 복)
❶复返 fùfǎn 되돌아오다 / ❷答复 dáfù 회답하다 / ❸复原 fùyuán 복원하다 / ❹复制 fùzhì 복제하다

465
厂 chǎng (廠) 2획 厂부

厂厂

헛간 창　❶공장 / ❷(상품의 보관과 판매를 겸하는) 상점 / ❸장치, 설비
❶工厂 gōngchǎng 공장 / ❷木厂 mùchǎng 목재상 / ❸装配厂 zhuāngpèichǎng 조립 설비

466
越 yuè 12획 走부

越越越越越越越越越越

넘을 월　❶뛰어넘다, 건너다 / ❷높아지다 / ❸빼앗다, 강탈하다 / ❹점점, 더욱 더
❶超越 chāoyuè 초월하다 / ❷激越 jīyuè (감정이) 격앙되다 / ❸越货 yuèhuò 재물을 빼앗다 / ❹越加 yuèjiā 더욱, 한층

467
支 zhī 4획 十부

支支支支

지탱할 지　❶받치다, 괴다 / ❷버티다, 견디다 / ❸지불하다, 수령하다
❶支柱 zhīzhù 받침대 / ❷支援 zhīyuán 지원하다 / ❸支出 zhīchū 지출

468
婚 hūn 11획 女부

婚婚婚婚婚婚婚婚婚

혼인할 혼　혼인하다, 결혼
结婚 jiéhūn 결혼하다 / 离婚 líhūn 이혼하다 / 未婚 wèihūn 미혼

87

469 历 lì (歷) 4획 厂부

历历历历

지낼 력 ❶경험하다 / ❷경과하다 / ❸과거의 / ❹역법, 책력(번체 曆 : 책력 력)
❶经历 jīnglì 경험하다 / ❷历时 lìshí 시간이 경과하다 / ❸历史 lìshǐ 역사 / ❹月历 yuèlì 달력

470 兵 bīng 7획 八부

兵兵兵兵兵兵兵

군사 병 ❶군인, 군대 / ❷무기, 병기 / ❸전쟁·군대와 관련된 일
❶步兵 bùbīng 보병 / ❷兵戈 bīnggē 무기 / ❸兵厄 bīng'è 전쟁의 재해

471 胜 shèng (勝) 9획 月부

胜胜胜胜胜胜胜胜胜

이길 승 ❶승리하다 / ❷뛰어나다, 우월하다 / ❸(경치가) 아름답다, 훌륭하다
❶胜利 shènglì 승리하다 / ❷胜强 shèngqiáng 뛰어나다 / ❸胜景 shèngjǐng 뛰어난 경치

472 选 xuǎn (選) 9획 辶부

选选选选选选选选选

가릴 선 선택하다, 가리다, 뽑다, 선출하다
选择 xuǎnzé 선택하다 / 当选 dāngxuǎn 당선되다 / 选手 xuǎnshǒu 선수

473 整 zhěng 16획 攵부

整整整整整整整整整整整整整整整整

가지런할 정 ❶완전하다 / ❷가지런하다 / ❸정리하다, 바로잡다 / ❹수리하다
❶完整 wánzhěng 완전하다 / ❷整齐 zhěngqí 반듯하다 / ❸整理 zhěnglǐ 정리하다 / ❹整修 zhěngxiū 수리하다

474 铁 tiě (鐵) 10획 钅부

铁铁铁铁铁铁铁铁铁铁

쇠 철 ❶쇠, 철 / ❷무기 / ❸질기다, 강하다 / ❹확고부동하다
❶铁道 tiědào 철도 / ❷铁瓜 tiěguā 지뢰 / ❸铁军 tiějūn 강한 군대 / ❹铁定 tiědìng 확정하다

475
势 shì (勢) 8획 力부

势势势势势势势势

기세 세　❶세력, 위세 / ❷기세, 동향 / ❸기회, 시기 / ❹정세, 상황
❶势力 shìlì 세력 / ❷势态 shìtài 태도, 자세 / ❸借势 jièshì 기회를 빌다 / ❹势色 shìsè 형세

476
笑 xiào　10획 竹부

笑笑笑笑笑笑笑笑笑笑

웃을 소　웃다, 비웃다, 웃음거리
微笑 wēixiào 미소를 짓다 / 嘲笑 cháoxiào 비웃다 / 笑容 xiàoróng 웃는 표정

477
院 yuàn　9획 阝부

院院院院院院院院院

담 원　정원, 뜰 / 기관, 공공장소 / 단과대학
后院 hòuyuàn 후원, 뒤뜰 / 医院 yīyuàn 병원 / 学院 xuéyuàn 단과대학

478
板 bǎn　8획 木부

板板板板板板板板

판자 판　❶판자, 널빤지 / ❷박자, 리듬 / ❸딱딱하다, 융통성이 없다
❶黑板 hēibǎn 흑판, 칠판 / ❷快板 kuàibǎn 빠른 박자 / ❸板结 bǎnjié 굳어지다, 경화되다

479
球 qiú　11획 王부

球球球球球球球球球球球

공 구　구(원형 입체), 공, 모양이 공처럼 둥근 물체
球体 qiútǐ 구체 / 足球 zúqiú 축구 / 地球 dìqiú 지구

480
河 hé　8획 氵부

河河河河河河河河

하천 하　강, 하천
河流 héliú 강 / 河道 hédào 물길, 물줄기 / 银河系 yínhéxì 은하계

481
吗
ma
(嗎)
6획 口부

吗吗吗吗吗吗

의문조사 마 문장의 끝에서 의문을 표시함
干吗 gànma 무엇을 하는가?, 왜 / 你好吗 nǐhǎoma 잘 계십니까?

482
除
chú
9획 阝부

除除除除除除除除除

덜 제 ❶없애다, 제거하다 / ❷제외하다 / ❸나누다
❶解除 jiěchú 해제하다 / ❷除外 chúwài 제외하다 / ❸除不开 chúbukāi 나눌 수 없다

483
准
zhǔn
(準)
10획 冫부

准准准准准准准准准准

허가할 준 ❶허락하다, 동의하다 / ❷표준, 규격 / ❸정확하다 / ❹반드시, 꼭
❶准许 zhǔnxǔ 허락하다 / ❷标准 biāozhǔn 표준 / ❸准确 zhǔnquè 정확하다 / ❹准保 zhǔnbǎo 반드시

484
况
kuàng
(況)
7획 冫부

况况况况况况况

하물며 황 ❶모양, 상태 / ❷견주다, 비교하다 / ❸하물며, 더구나
❶情况 qíngkuàng 정황 / ❷以古近况 yǐgǔjìnkuàng 옛것을 현재에 비교하다 / ❸何况 hékuàng 하물며

485
影
yǐng
15획 彡부

影影影影影影影影影影影影影

그림자 영 ❶그림자 / ❷사진 / ❸영화(电影)의 줄임말
❶影子 yǐngzi 그림자 / ❷合影 héyǐng 단체사진 / ❸电影院 diànyǐngyuàn 영화관, 극장

486
倒
dǎo / dào
10획 亻부

倒倒倒倒倒倒倒倒倒倒

넘어질 도 ❶넘어지다 / ❷실패하다, 망하다 / ❸오히려, 도리어 / ❹반대로 되다
❶摔倒 shuāidǎo 넘어지다 / ❷倒闭 dǎobì 망하다 / ❸倒是 dàoshi 도리어 / ❹倒退 dàotuì 후퇴하다

487 若 ruò
8획 艹부
若若若若若若若若
같을 약 ❶마치 ~같다 / ❷만약 ~한다면 / ❸너, 당신
❶若干 ruògān 약간, 조금 / ❷若非 ruòfēi 만약 ~이 아니라면 / ❸若辈 ruòbèi 너희들

488 格 gé
10획 木부
格格格格格格格格格格
격식 격 ❶격자, 네모 칸 / ❷표준, 규격 / ❸품성, 품격 / ❹겨루다, 대적하다
❶格子 gézi 격자 / ❷格式 géshi 격식 / ❸人格 réngé 인격 / ❹格斗 gédòu 격투하다

489 断 duàn (斷)
11획 斤부
断断断断断断断断断断
끊을 단 ❶자르다, 끊다 / ❷결정하다, 판단하다 / ❸결코, 절대로
❶断绝 duànjué 단절하다 / ❷诊断 zhěnduàn 진단하다 / ❸断乎 duànhū 절대로, 단연코

490 甚 shèn
9획 一부
甚甚甚甚甚甚甚甚甚
심할 심 ❶매우, 극히 / ❷심하다, 지나치다 / ❸무엇, 무슨
❶甚为 shènwéi 몹시, 매우 / ❷甚过 shènguò ~보다 심하다 / ❸甚事? shènshì 무슨 일이지?

491 速 sù
10획 辶부
速速速速速速速速速速
빠를 속 ❶빠르다, 신속하다 / ❷속도 / ❸초대하다 / ❹초래하다
❶迅速 xùnsù 신속하다 / ❷速度 sùdù 속도 / ❸不速之客 bùsùzhīkè 불청객 / ❹速祸 sùhuò 화를 부르다

492 言 yán
7획 言부
言言言言言言言
말씀 언 말, 언어, 이야기하다
语言 yǔyán 언어 / 发言 fāyán 발언하다 / 序言 xùyán 서언, 머리말

91

493
采 cǎi
8획 爪부

采采采采采采采采

캘 채 ❶채취하다, 채집하다 / ❷선택하다, 채택하다 / ❸용모, 표정(采 : 풍채 채)
❶采集 cǎijí 채집하다 / ❷采用 cǎiyòng 채용하다 / ❸风采 fēngcǎi 풍채, 풍모

494
哪 nǎ
9획 口부

哪哪哪哪哪哪哪哪哪

어찌 나 어느, 어떤, 어디, 어찌하여
哪里 nǎlǐ 어디, 어느 곳 / 哪个 nǎge 어느, 어느 것 / 哪些 nǎxiē 어느, 어떤

495
离 lí (離)
10획 亠부

离离离离离离离离离

떠날 리 ❶분리하다, 떠나다 / ❷(어떤 시간, 장소로부터) 떨어지다
❶分离 fēnlí 분리하다 / ❷距离 jùlí (~로부터) 떨어지다

496
县 xiàn (縣)
7획 厶부

县县县县县县县

고을 현 현(중국의 행정구역 단위로 省 밑에 속함)
县府 xiànfǔ 현의 정부 / 县界 xiànjiè 현의 경계

497
写 xiě (寫)
5획 冖부

写写写写写

베낄 사 ❶(글씨를) 쓰다 / ❷글을 짓다, 저술하다 / ❸묘사하다 / ❹그림을 그리다
❶抄写 chāoxiě 베껴 쓰다 / ❷写作 xiězuò 저술하다 / ❸描写 miáoxiě 묘사 / ❹写形 xiěxíng 모습을 그리다

498
台 tái (臺)
5획 厶부

台台台台台

대 대 ❶대, 무대 / ❷당신, 귀하 / ❸태풍(번체 颱 : 태풍 태)
❶后台 hòutái 무대 뒤 / ❷台端 táiduān 댁, 귀하 / ❸台风 táifēng 태풍

499 古 gǔ
5획 口부

古古古古古

옛 고 ❶옛날, 고대 / ❷낡다, 오래되다
❶古代 gǔdài 고대 / ❷古老 gǔlǎo 오래되다

500 远 yuǎn (遠)
7획 辶부

远远远远远远远

멀 원 ❶멀다, 아득하다 / ❷(차이가) 크다, 많다 / ❸멀리하다
❶遥远 yáoyuǎn 요원하다 / ❷差得远 chàdeyuǎn 차이가 크다 / ❸远离 yuǎnlí 멀리하다

501 士 shì
3획 士부

士士士

선비 사 ❶미혼 남자, 총각 / ❷선비, 지식인 / ❸군인, 병사 / ❹(사람의) 존칭
❶士女 shìnǔ 처녀총각 / ❷士风 shìfēng 선비의 기풍 / ❸士兵 shìbīng 사병, 병사 / ❹女士 nǔshì 여사님

502 感 gǎn
13획 心부

感感感感感感感感感感

느낄 감 ❶감정, 느낌 / ❷감동하다 / ❸감사하다 / ❹느끼다, 생각하다
❶感情 gǎnqíng 감정 / ❷感动 gǎndòng 감동하다 / ❸感谢 gǎnxiè 감사하다 / ❹感到 gǎndào 느끼다

503 般 bān
10획 舟부

般般般般般般般般般般

일반 반 ❶종류, 방법 / ❷~와 같은 / ❸보통의, 일반의
❶这般 zhèbān 이러한 종류 / ❷个般 gèbān 이와 같은 / ❸一般 yībān 보통이다

504 呀 yā
7획 口부

呀呀呀呀呀呀呀

입벌릴 하 아! 야! (놀람, 감탄, 의문을 나타내는 감탄사)
哎呀 āiyā 아! 아니! 어휴! 아이고!

505 低 dī
7획 亻부

低低低低低低低

낮을 저 낮다, 수그리다
降低 jiàngdī 낮아지다 / 低温 dīwēn 낮은 온도 / 低头 dītóu 머리를 숙이다

506 确 què (確)
12획 石부

确确确确确确确确确确

굳을 확 ❶일치하다, 부합하다 / ❷확실히, 틀림없이 / ❸튼튼하다, 견고하다
❶确实 quèshí 확실하다 / ❷的确 díquè 확실히, 정말 / ❸确立 quèlì 확립하다

507 晚 wǎn
11획 日부

晚晚晚晚晚晚晚晚晚晚

늦을 만 ❶저녁, 밤 / ❷늦은, 후기의 / ❸늦다
❶晚上 wǎnshang 저녁 / ❷晚春 wǎnchūn 늦은 봄 / ❸晚到 wǎndào 늦게 도착하다

508 害 hài
10획 宀부

害害害害害害害害害害

해칠 해 ❶손해, 해롭다 / ❷병을 앓다 / ❸걱정되다
❶侵害 qīnhài 손해를 끼치다 / ❷害病 hàibìng 병에 걸리다 / ❸害怕 hàipà 두려워하다

509 细 xì (細)
8획 纟부

细细细细细细细细

가늘 세 ❶가늘다, 좁다, 작다 / ❷정교하다, 세밀하다 / ❸사소하다
❶细长 xìcháng 가늘고 길다 / ❷详细 xiángxì 상세하다 / ❸细故 xìgù 사소한 일

510 标 biāo (標)
9획 木부

标标标标标标标标

표할 표 ❶말단, 표면 / ❷표지, 기호 / ❸표준, 기준 / ❹표시하다, 나타내다
❶本标 běnbiāo 근본과 지엽 / ❷商标 shāngbiāo 상표 / ❸标准 biāozhǔn 표준 / ❹标示 biāoshì 표시하다

511
兴 xīng/xìng (興) 6획 八부

兴兴兴兴兴兴

일 흥 ❶유행하다 / ❷시작하다, 창립하다 / ❸흥미, 재미
❶兴旺 xīngwàng 번창하다 / ❷新兴 xīnxīng 새로 일어난 / ❸兴味 xìngwèi 흥미

512
房 fáng 8획 戶부

房房房房房房房房

방 방 ❶집, 주택 / ❷방 / ❸집이나 방과 유사한 것
❶住房 zhùfáng 주택 / ❷厨房 chúfáng 주방 / ❸蜂房 fēngfáng 벌집

513
游 yóu 12획 氵부

游游游游游游游游游游游

헤엄칠 유 ❶헤엄치다 / ❷떠돌다, 유람하다 / ❸사귀다, 교제하다
❶游泳 yóuyǒng 헤엄치다 / ❷游览 yóulǎn 유람하다 / ❸交游 jiāoyóu 교제하다

514
消 xiāo 10획 氵부

消消消消消消消消消消

사라질 소 ❶사라지다, 없어지다 / ❷제거하다, 지우다 / ❸소모하다, 지내다
❶消灭 xiāomiè 소멸하다 / ❷消除 xiāochú 제거하다 / ❸消度 xiāodù 소모하다

515
够 gòu 11획 夕부

够够够够够够够够够够

많을 구 ❶충분하다, 넉넉하다 / ❷이르다, 도달하다
❶不够 bùgòu 부족하다 / ❷够不上 gòubushàng 미치지 못하다

516
坐 zuò 7획 土부

坐坐坐坐坐坐坐

앉을 좌 ❶앉다 / ❷타다 / ❸자리, 좌석
❶请坐 pǐngzuò 앉으세요 / ❷坐车 zuòchē 차를 타다 / ❸坐席 zuòxí 좌석

517
zú
7획 足부

足足足足足足足
발 족 ❶발, 다리 / ❷충분하다, 넉넉하다 / ❸~할 만하다, ~할 가치가 있다
❶足迹 zújì 발자취 / ❷充足 chōngzú 충분하다 / ❸足以 zúyǐ ~하기에 족하다

518
shǐ
5획 口부

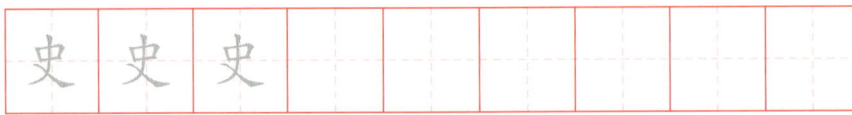
史史史史史
역사 사 역사
历史 lìshǐ 역사 / 史册 shǐcè 역사책 / 史迹 shǐjì 역사 유적

519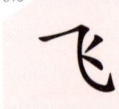
fēi
(飛)
3획 乙부

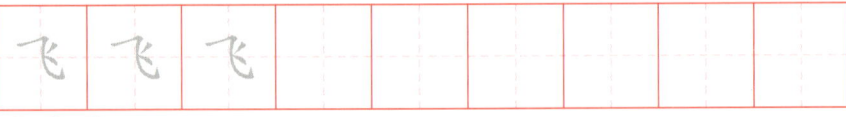
飞飞飞
날 비 ❶날다 / ❷매우 빠르다 / ❸휘발하다 / ❹의외의, 뜻밖의
❶飞行 fēixíng 비행하다 / ❷飞快 fēikuài 재빠르다 / ❸钱飞了 qiánfēile 돈을 다 날렸다 / ❹飞祸 fēihuò 뜻밖의 재난

520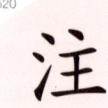
zhù
8획 氵부

注注注注注注注注
물댈 주 ❶주입하다, 붓다 / ❷한 곳에 모으다, 집중하다
❶注射 zhùshè 주사하다 / ❷注意 zhùyì 주의하다

521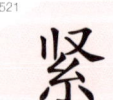
jǐn
(緊)
10획 糸부

紧紧紧紧紧紧紧紧紧紧
긴할 긴 ❶팽팽하다, 단단하다 / ❷긴박하다, 촉박하다 / ❸쪼들리다, 빠듯하다
❶紧闭 jǐnbì 꼭 닫다 / ❷紧急 jǐnjí 긴급하다 / ❸紧巴 jǐnba 살림이 빠듯하다

522
shí
9획 食부

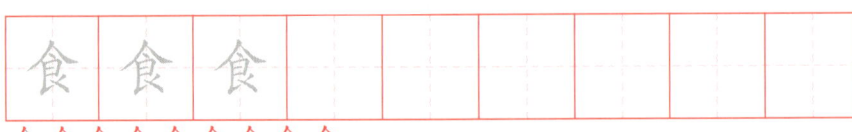
食食食食食食食食食
먹을 식 ❶먹다, 식사하다 / ❷음식 / ❸먹이, 사료
❶食用 shíyòng 식용하다 / ❷粮食 liángshí 양식, 식량 / ❸鸡食 jīshí 닭 모이

96

523
列 liè
6획 刂부

列列列列列列

줄 렬 ❶배열하다 / ❷(어떤 부류에) 끼워 넣다 / ❸줄, 대열 / ❹부류, 종류
❶陈列 chénliè 진열하다 / ❷列入 lièrù 끼워 넣다 / ❸行列 hángliè 행렬 / ❹系列 xìliè 계열

524
失 shī
5획 大부

失失失失失

잃을 실 ❶놓치다, 잃다 / ❷실수하다 / ❸목적을 달성하지 못하다
❶失业 shīyè 직업을 잃다 / ❷失口 shīkǒu 실언하다 / ❸失望 shīwàng 실망하다

525
候 hòu
10획 亻부

候候候候候候候候候候

물을 후 ❶안부를 묻다 / ❷기다리다 / ❸계절, 기후 / ❹관측하다
❶问候 wènhòu 문안 드리다 / ❷等候 děnghòu 기다리다 / ❸气候 qìhòu 기후 / ❹测候 cèhòu 기상을 관측하다

526
周 zhōu
8획 冂부

周周周周周周周周

두루 주 ❶주위, 둘레 / ❷순환하다 / ❸완비하다, 빈틈없다 / ❹주, 주일
❶周围 zhōuwéi 주위 / ❷周期 zhōuqī 주기 / ❸周到 zhōudao 빈틈없다 / ❹周末 zhōumò 주말

527
破 pò
10획 石부

破破破破破破破破破破

깨질 파 ❶깨다, 부수다 / ❷(잔돈으로) 바꾸다 / ❸(관습 등을) 타파하다 / ❹소비하다
❶破坏 pòhuài 파괴하다 / ❷破开 pòkāi 잔돈으로 바꾸다 / ❸打破 dǎpò 타파하다 / ❹破费 pòfèi 돈을 쓰다

528
推 tuī
11획 扌부

推推推推推推推推推推推

밀 추 ❶밀다 / ❷빻다, 갈다, 찧다 / ❸깎다, 자르다 / ❹추진하다, 펼치다
❶推车 tuīchē 차를 밀다 / ❷推细 tuīxì 잘게 빻다 / ❸推头 tuītóu 이발하다 / ❹推动 tuīdòng 추진하다

529
温 wēn 〔溫〕 12획 氵부

温温温温温温温温温温温温

따뜻할 온 ❶따뜻하다 / ❷온도 / ❸데우다, 가열하다 / ❹온순하다, 부드럽다
❶温带 wēndài 온대 / ❷气温 qìwēn 기온 / ❸温酒 wēnjiǔ 술을 데우다 / ❹温顺 wēnshùn 온순하다

530
英 yīng 8획 艹부

英英英英英英英英

꽃부리 영 ❶꽃 / ❷재능이나 지혜가 뛰어남 / ❸영국
❶时英 shíyīng 매화 / ❷英明 yīngmíng 영명하다 / ❸英语 yīngyǔ 영어

531
喜 xǐ 12획 士부

喜喜喜喜喜喜喜喜喜喜

기쁠 희 ❶기쁘다, 즐겁다 / ❷좋아하다, 애호하다
❶欢喜 huānxǐ 환희, 기쁘다 / ❷喜爱 xǐài 좋아하다

532
片 piàn 4획 片부

片片片片

조각 편 ❶조각, 판, 편 / ❷단편적이다, 일방적이다 / ❸영화, TV 드라마
❶名片 míngpiàn 명함 / ❷片面 piànmiàn 단편적이다 / ❸武打片 wǔdǎpiàn 액션 영화

533
苏 sū 〔蘇〕 7획 艹부

苏苏苏苏苏苏苏

소생 소 ❶소생하다, 회생하다 / ❷고난에서 벗어나다
❶苏醒 sūxǐng 소생하다 / ❷民生以苏 mínshēngyǐsū 백성은 이로써 고난에서 벗어나다

534
首 shǒu 9획 首부

首首首首首首首首

머리 수 ❶머리 / ❷최고의, 제일의 / ❸수령, 우두머리 / ❹최초로, 처음으로
❶首饰 shǒushì 머리 장식품 / ❷首要 shǒuyào 가장 중요하다 / ❸元首 yuánshǒu 원수 / ❹首次 shǒucì 첫째

541 族 zú 11획 方부
族族族族族族族族族族
겨레 족 ❶가족, 식구 / ❷민족, 종족
❶家族 jiāzú 가족 / ❷民族 mínzú 민족

542 苦 kǔ 8획 艹부
苦苦苦苦苦苦苦苦
쓸 고 ❶(맛이) 쓰다 / ❷고통스럽다, 괴롭다 / ❸꾸준히, 끈기 있게
❶苦味 kǔwèi 쓴 맛 / ❷痛苦 tòngkǔ 고통스럽다 / ❸苦劝 kǔquàn 극력 권고하다

543 引 yǐn 4획 弓부
引引引引
끌 인 ❶잡아당기다, 끌다 / ❷인도하다, 안내하다 / ❸벗어나다 / ❹늘이다
❶吸引 xīyǐn 끌어당기다 / ❷引导 yǐndǎo 인도하다 / ❸引退 yǐntuì 사퇴하다 / ❹引颈 yǐnjǐng 목을 내밀다

544 始 shǐ 8획 女부
始始始始始始始始
처음 시 ❶처음, 최초 / ❷시작하다 / ❸비로소, 겨우
❶原始 yuánshǐ 최초의 / ❷开始 kāishǐ 시작되다 / ❸始克 shǐkè 겨우 ~할 수 있다

545 哥 gē 10획 口부
哥哥哥哥哥哥哥哥哥
형 가 ❶형, 오빠 / ❷또래의 남자에 대한 친숙한 호칭
❶哥哥 gēge 형, 오빠 / ❷老哥 lǎogē 노형

546 跟 gēn 13획 足부
跟跟跟跟跟跟跟跟跟跟
발꿈치 근 ❶뒤꿈치 / ❷뒤따르다, 좇아가다, 계속되다
❶脚后跟 jiǎohòugēn 발뒤꿈치 / 跟上 gēnshang 뒤따르다

547 念 niàn
8획 心부

念念念念念念念念

생각할 념   ❶그리워하다 / ❷생각, 마음 / ❸낭독하다 / ❹공부하다, 학교에 가다
❶想念 xiǎngniàn 그리워하다 / ❷信念 xìnniàn 신념 / ❸念佛 niànfó 염불하다 / ❹念书 niànshū 공부하다

548 故 gù
9획 攵부

故故故故故故故故故

예 고   ❶일, 사고 / ❷원인, 까닭 / ❸원래의, 옛날의 / ❹친구, 우정
❶事故 shìgù 사고 / ❷缘故 yuángù 연고, 이유 / ❸故乡 gùxiāng 고향 / ❹故交 gùjiāo 오랜 친구

549 助 zhù
7획 力부

助助助助助助助

도울 조   돕다, 협조하다
互助 hùzhù 서로 돕다 / 协助 xiézhù 협조하다 / 辅助 fǔzhù 보조하다

550 容 róng
10획 穴부

容容容容容容容容容容

얼굴 용   ❶포함하다, 수용하다 / ❷용서하다 / ❸허락하다 / ❹얼굴 표정, 기색
❶收容 shōuróng 수용하다 / ❷容恕 róngshù 용서하다 / ❸容许 róngxǔ 허락하다 / ❹笑容 xiàoróng 웃는 얼굴

551 需 xū
14획 雨부

需需需需需需需需需需需需需需

구할 수   ❶필요로 하다, 요구되다 / ❷필수품
❶需要 xūyào 요구되다 / ❷必需品 bìxūpǐn 필수품

552 落 luò
12획 艹부

落落落落落落落落落落落落

떨어질 락   ❶떨어지다, (해가) 지다, 내리다 / ❷쇠퇴하다, 몰락하다 / ❸멈추다, 머물다
❶降落 jiàngluò 낙하하다 / ❷没落 mòluò 몰락하다 / ❸落脚(儿) luòjiǎo(r) 발걸음을 멈추다

101

553 草 cǎo
9획 艹부

草草草草草草草草草

풀 초　❶풀 / ❷초야, 민간 / ❸거칠다, 경솔하다 / ❹초보적이다
❶草原 cǎoyuán 초원 / ❷草民 cǎomín 평민 / ❸潦草 liáocǎo 조잡하다 / ❹草案 cǎoàn 초안

554 项 xiàng (項)
9획 页부

项项项项项项项项项

항목 항　❶가지, 조목, 조항 / ❷비용, 경비, 자금 / ❸목덜미(项 : 목덜미 항)
❶项目 xiàngmù 항목, 조목 / ❷存项 cúnxiàng 잔금, 잔액 / ❸项链 xiàngliàn 목걸이

555 功 gōng
5획 力부

功功功功功

공로 공　❶공로, 공적 / ❷성과, 효과 / ❸기술, 솜씨
❶功劳 gōngláo 공로 / ❷功效 gōngxiào 효과, 효능 / ❸功夫 gōngfu 실력, 능력

556 送 sòng
9획 辶부

送送送送送送送送送

보낼 송　❶보내다, 전달하다 / ❷주다, 선사하다 / ❸배웅하다, 전송하다
❶运送 yùnsòng 운송하다 / ❷赠送 zèngsòng 증정하다 / ❸欢送 huānsòng 환송하다

557 巴 bā
4획 巳부

巴巴巴巴

땅이름 파　❶바라다, 원하다 / ❷달라붙다
❶巴得 bāde 바라다 / ❷巴结 bājie 아부하다, 빌붙다

558 船 chuán
11획 舟부

船船船船船船船船船船

배 선　배, 선박
船舶 chuánbó 선박 / 帆船 fānchuán 범선, 돛단배 / 飞船 fēichuán 우주선

102

559
罢
bà
(罷)
10획 罒부

罢罢罢罢罢罢罢罢罢罢

파할 파 ❶멈추다, 중지하다 / ❷제거하다, 해임하다 / ❸종료하다
❶罢工 bàgōng 파업하다 / ❷罢免 bàmiǎn 파면하다 / ❸罢休 bàxiū 중지하다

560
鱼
yú
(魚)
8획 鱼부

鱼鱼鱼鱼鱼鱼鱼鱼

물고기 어 물고기, 어류
金鱼 jīnyú 금붕어 / 钓鱼 diàoyú 낚시를 하다 / 鱼池 yúchí 양어장

561
虽
suī
(雖)
9획 虫부

虽虽虽虽虽虽虽虽虽

비록 수 ❶비록 ~이지만 / ❷설사 ~이더라도
❶虽说 suīshuō 비록 ~이라도 / ❷虽然 suīrán 비록 ~일지라도

562
音
yīn
9획 音부

音音音音音音音音音

소리 음 ❶음, 소리 / ❷소식 / ❸음절
❶音乐 yīnyuè 음악 / ❷音信 yīnxìn 소식, 편지 / ❸音节 yīnjié 음절

563
试
shì
(試)
8획 讠부

试试试试试试试试

시험할 시 시험, 시험하다, 시험 삼아 해 보다
试验 shìyàn 시험, 테스트 / 考试 kǎoshì 시험을 치다 / 试行 shìxíng 시험 삼아 해 보다

564
包
bāo
5획 勹부

包包包包包

쌀 포 ❶(물건을) 싸다, 포장하다 / ❷보자기, 봉지, 포대 / ❸포함하다
❶包装 bāozhuāng 포장하다 / ❷书包 shūbāo 책가방 / ❸包含 bāohán 포함하다

103

565 洋 yáng (9획 氵부)

洋洋洋洋洋洋洋洋洋

바다 양 ❶성대하다, 풍부하다 / ❷대양, 큰 바다 / ❸외국(의), 서양(의)
❶洋溢 yángyì (기분, 정서) 충만하다 / ❷大洋 dàyáng 대양 / ❸洋人 yángrén 외국인

566 怕 pà (8획 忄부)

怕怕怕怕怕怕怕怕

두려울 파 ❶두려워하다 / ❷~에 약하다, 참지 못하다 / ❸아마, 어쩌면
❶害怕 hàipà 두려워하다 / ❷怕潮 pàcháo 습기에 약하다 / ❸哪怕 nǎpà 가령, 혹시

567 似 sì (6획 亻부)

似似似似似似

같을 사 ❶닮다 / ❷마치 ~인 것 같다
❶近似 jìnsì 비슷하다 / ❷似乎 sìhu 마치 ~인 것 같다

568 养 yǎng (養) (9획 八부)

养养养养养养养养养

기를 양 ❶기르다, 양육하다 / ❷휴양하다, 요양하다 / ❸수양하다
❶培养 péiyǎng 배양하다 / ❷休养 xiūyǎng 휴양하다 / ❸教养 jiàoyǎng 교양, 가르쳐 키우다

569 满 mǎn (滿) (13획 氵부)

满满满满满满满满满满满

찰 만 ❶차다, 가득하다 / ❷(기한이) 되다 / ❸전부, 모두 / ❹만족하다
❶充满 chōngmǎn 충만하다 / ❷满期 mǎnqī 만기가 되다 / ❸满都 mǎndōu 모두 / ❹满足 mǎnzú 만족하다

570 防 fáng (6획 阝부)

防防防防防防

막을 방 막다, 지키다, 방어하다, 둑, 제방
防止 fángzhǐ 방지하다 / 预防 yùfáng 예방하다 / 堤防 dīfáng 제방

571 红 hóng (紅) 6획 纟부
红红红红红红
붉을 홍 ❶붉다, 빨갛다 / ❷순조롭다, 성공적이다, 인기있다
❶通红 tōnghóng 새빨갛다 / ❷开门红 kāiménhóng 출발이 순조롭다

572 修 xiū 9획 亻부
修修修修修修修修
닦을 수 ❶꾸미다, 가꾸다 / ❷고치다, 수리하다 / ❸집필하다, 글을 쓰다 / ❹학습하다
❶装修 zhuāngxiū 장식하다 / ❷修理 xiūlǐ 수리하다 / ❸修书 xiūshū 편지를 쓰다 / ❹自修 zìxiū 자습하다

573 田 tián 5획 田부
田田田田田
밭 전 ❶밭, 논, 경작지 / ❷개발 가능한 자원이 있는 곳 / ❸사냥하다
❶田地 tiándì 논밭, 경작지 / ❷油田 yóutián 유전 / ❸田猎 tiánliè 사냥하다

574 妇 fù (婦) 6획 女부
妇妇妇妇妇妇
지어미 부 ❶부녀자, 여자 / ❷아내, 처 / ❸며느리
❶妇女 fùnǚ 부녀자 / ❷夫妇 fūfù 부부, 내외 / ❸媳妇 xífù 며느리, 자부

575 银 yín (銀) 11획 钅부
银银银银银银银银银银银
은 은 은, 은화, 은색, 은빛
银行 yínháng 은행 / 银币 yínbì 은화 / 银幕 yínmù 은막, 스크린

576 城 chéng 9획 土부
城城城城城城城城
성 성 ❶성, 성벽, 성안 / ❷도시 / ❸타운
❶城区 chéngqū 성안 / ❷城市 chéngshì 도시 / ❸美容城 měiróngchéng 미용 타운

577 职 zhí (職) 11획 耳부

职职职职职职职职职职职

구실 직 ❶직무, 직책 / ❷직위 / ❸관장하다
❶职业 zhíyè 직업 / ❷就职 jiùzhí 취임하다 / ❸职掌 zhízhǎng 관장하다

578 止 zhǐ 4획 止부

止止止止

그칠 지 ❶멈추다, 정지하다 / ❷~까지 끝나다 / ❸단지, 겨우, 다만
❶禁止 jìnzhǐ 금지하다 / ❷为止 wéizhǐ ~을 끝으로 하다 / ❸止有一个 zhǐyǒuyīge 단지 하나밖에 없다

579 希 xī 7획 巾부

希希希希希希希

바랄 희 ❶희망하다, 바라다 / ❷동경하다, 사모하다 / ❸드물다, 적다
❶希望 xīwàng 희망하다 / ❷希古 xīgǔ 옛 사람을 동경하다 / ❸希贵 xīguì 희귀하다

580 查 chá (查) 9획 木부

查查查查查查查查查

조사할 사 ❶검사하다 / ❷조사하다 / ❸찾아보다, 들춰보다
❶检查 jiǎnchá 검사하다 / ❷调查 diàochá 조사하다 / ❸查辞典 chácídiǎn 사전을 찾아보다

581 江 jiāng 6획 氵부

江江江江江江

강 강 강, 강물
江岸 jiāngàn 강기슭 / 江边 jiāngbiān 강변, 강가 / 江流 jiāngliú 강물

582 站 zhàn 10획 立부

站站站站站站站站站站

우두커니설참 ❶일어서다 / ❷멈추다, 멎다 / ❸정거장, 역 / ❹서, 본부, 소
❶站立 zhànlì 일어서다 / ❷站住 zhànzhù 멈추다 / ❸车站 chēzhàn 역 / ❹加油站 jiāyóuzhàn 주유소

583
村
cūn

7획 木부

村村村

村村村村村村村

마을 촌 ❶마을, 동네 / ❷촌스럽다, 속되다

❶农村 nóngcūn 농촌 / ❷村俗 cūnsú 촌스럽다

584
曾
céng

12획 八부

曾曾曾

曾曾曾曾曾曾曾曾曾曾曾曾

일찍 증 일찍이, 이미, 이전에

曾经 céngjīng 일찍이 / 不曾 bùcéng ~한 적이 없다 / 曾任 céngrèn ~직책을 역임했다

585
黑
hēi

12획 黑부

黑黑黑

黑黑黑黑黑黑黑黑黑黑黑黑

검을 흑 ❶검다 / ❷어둡다, 캄캄하다 / ❸밤, 저녁 / ❹은밀한, 비밀의

❶黑白 hēibái 흑백 / ❷漆黑 qīhēi 칠흑같다 / ❸黑夜 hēiyè 야간 / ❹黑买卖 hēimǎimai 암거래

586
段
duàn

9획 殳부

段段段

段段段段段段段段段

구분 단 토막, 부분, 약간, 단락(시간이나 공간의 한 구분)

阶段 jiēduàn 단계 / 段落 duànluò 단락 / 一段话 yīduànhuà 몇 마디의 말

587
随
suí

(隨)

11획 阝부

随随随

随随随随随随随随随随随

따를 수 ❶(~를) 따르다, 따라가다 / ❷마음대로 하게 하다 / ❸~하는 김에 / ❹순응하다

❶跟随 gēnsuí 뒤따르다 / ❷随意 suíyì 뜻대로 / ❸随手 suíshǒu ~하는 김에 / ❹随顺 suíshùn 순종하다

588
费
fèi

(費)

9획 贝부

费费费

费费费费费费费费费

쓸 비 ❶비용, 요금, 수수료 / ❷쓰다, 소비하다

❶费用 fèiyong 비용, 지출 / ❷消费 xiāofèi 소비하다

589
黄 huáng
11획 八부

黄黄黄黄黄黄黄黄黄黄黄

누를 황 ❶노랗다 / ❷음란하다, 퇴폐적이다 / ❸실패하다, 깨지다
❶黄色 huángsè 노란색 / ❷黄潮 huángcháo 퇴폐풍조 / ❸黄了 huángle 끝나다, 소용없게 되다

590
父 fù
4획 父부

父父父父

아비 부 ❶아버지 / ❷아버지 이상 항렬의 남자 / ❸노인에 대한 존칭
❶父亲 fùqīn 부친 / ❷祖父 zǔfù 할아버지 / ❸老父 lǎofù 노인장

591
续 xù (續)
11획 纟부

续续续续续续续续续续续

이을 속 ❶계속되다, 이어지다 / ❷(보충하여) 잇다 / ❸보태다, 더하다
❶持续 chíxù 지속하다 / ❷续编 xùbiān 속편 / ❸续派 xùpài 증파하다, 더 보내다

592
乐 lè/yuè (樂)
5획 丿부

乐乐乐乐乐

즐거울 락 ❶즐겁다, 기쁘다 / ❷즐기다, 좋아하다 / ❸음악(번체 樂 : 풍류 악)
❶快乐 kuàilè 쾌락, 즐겁다 / ❷乐业 lèyè 일을 즐기다 / ❸音乐 yīnyuè 음악

593
块 kuài (塊)
7획 土부

块块块块块块块

흙덩이 괴 ❶조각, 덩어리 / ❷중국의 화폐 단위 / ❸함께, 같이
❶金块 jīnkuài 금괴 / ❷三块钱 sānkuàiqián 3위안 / ❸一块儿 yīkuàir 함께

594
买 mǎi (買)
6획 一부

买买买买买买

살 매 ❶사다, 구입하다 / ❷(뇌물로) 매수하다 / ❸자초하다
❶购买 gòumǎi 구매하다 / ❷买通 mǎitōng 매수하다 / ❸买祸 mǎihuò 화를 자초하다

595 衣 yī/yì
6획 衣부

衣衣衣衣衣衣

옷 의 ❶옷, 의복 / ❷껍질, 씌우개 / ❸옷을 입다(衣 : 입을 의)
❶衣服 yīfu 의복 / ❷炮衣 pàoyī 대포 덮개 / ❸衣人 yìrén 옷을 입히다

596 型 xíng
9획 土부

型型型型型型型型型

거푸집 형 ❶모형, 본, 주형 / ❷모양, 양식, 유형
❶模型 móxíng 모형, 견본 / ❷类型 lèixíng 유형

597 状 zhuàng (狀)
7획 犬부

状状状状状状状

모양 상 ❶상태, 모양 / ❷상황, 형편 / ❸진술하다, 형용하다 / ❹문서, 증서
❶形状 xíngzhuàng 형상 / ❷状况 zhuàngkuàng 상황 / ❸状语 zhuàngyǔ 부사어 / ❹奖状 jiǎngzhuàng 상장

598 视 shì (視)
8획 见부

视视视视视视视视

볼 시 ❶보다 / ❷간주하다, ~로 여기다 / ❸살피다 / ❹일을 보다, 처리하다
❶视线 shìxiàn 시선 / ❷重视 zhòngshì 중시하다 / ❸视察 shìchá 시찰하다 / ❹视事 shìshì 일을 보다

599 愿 yuàn (願)
14획 心부

愿愿愿愿愿愿愿愿愿愿

바랄 원 ❶바라다, 소망하다 / ❷성실하고 신중하다(願 : 성실할 원)
❶祝愿 zhùyuàn 축원하다 / ❷谨愿 jǐnyuàn 성실하다

600 投 tóu
7획 扌부

投投投投投投投

던질 투 ❶던지다, 투척하다 / ❷집어넣다, 투입하다 / ❸뛰어들다 / ❹(편지 등을) 부치다
❶投掷 tóuzhì 투척하다 / ❷投入 tóurù 투입하다 / ❸投河 tóuhé 강에 뛰어들다 / ❹投稿 tóugǎo 투고하다

607 尽 jǐn/jìn (盡) 6획 尸부

尽尽尽尽尽尽

다할 진 ❶다하다, 소멸하다 / ❷사망하다 / ❸모두 발휘하다 / ❹전부, 모두, 다
❶尽绝 jìnjué 다 없어지다 / ❷自尽 zìjìn 자살하다 / ❸尽力 jìnlì 온 힘을 다하다 / ❹尽数 jìnshù 모두

608 跑 pǎo 12획 足부

跑跑跑跑跑跑跑跑跑跑跑

달릴 포 ❶뛰다, 달리다 / ❷도망치다 / ❸바쁘게 싸다니다 / ❹이탈하다, 벗어나다
❶跑步 pǎobù 뛰다 / ❷逃跑 táopǎo 도망가다 / ❸跑外 pǎowài 외근하다 / ❹跑电 pǎodiàn 누전되다

609 坚 jiān (堅) 7획 土부

坚坚坚坚坚坚坚

굳을 견 ❶견고하다, 굳다 / ❷(의지 등이) 확고하다 / ❸견고한 물건 또는 진지
❶坚持 jiānchí 견지하다 / ❷坚定 jiāndìng 확고하다 / ❸攻坚 gōngjiān 강적을 공격하다

610 差 chā/chà/chāi 9획 羊부

差差差差差差差差差

어긋날 차 ❶차이, 상이점 / ❷부족하다, 모자라다 / ❸파견하다(差 : 사신 보낼 차)
❶差别 chābié 차별 / ❷差生 chàshēng 열등생 / ❸差遣 chāiqiǎn 파견하다

611 滑 huá 12획 氵부

滑滑滑滑滑滑滑滑滑滑滑滑

미끄러질 활 ❶미끄럽다, 반들반들하다 / ❷교활하다
❶光滑 guānghuá 매끄럽다 / ❷滑串 huáchuàn 교활하다

612 武 wǔ 8획 弋부

武武武武武武武武

굳셀 무 ❶무력, 폭력, 무술 / ❷용맹하다 / ❸격렬하다, 거세다 / ❹발걸음, 발자취
❶武力 wǔlì 무력 / ❷威武 wēiwǔ 위풍당당하다 / ❸武火 wǔhuǒ 센 불 / ❹继武 jìwǔ 앞의 발자취를 잇다

613 纪 jǐ (紀) 6획 纟부
법 기 ❶질서, 법도 / ❷기록하다, 기재하다 / ❸연대, 세기
❶纪纲 jìgāng 기강, 법도 / ❷纪载 jìzǎi 기재하다 / ❸世纪 shìjì 세기

614 围 wéi (圍) 7획 口부
둘레 위 ❶둘러싸다, 에워싸다 / ❷사방, 둘레, 주위
❶包围 bāowéi 포위하다 / ❷周围 zhōuwéi 주위, 둘레

615 阿 ē 7획 阝부
언덕 아 ❶아첨하다, 영합하다 / ❷모서리, 모퉁이
❶阿附 ēfù 아부하다 / ❷水阿 shuǐ'ē 물가

616 层 céng (層) 7획 尸부
층 층 ❶중복되다 / ❷층, 겹, 벌 / ❸일부분, 일종, 가지
❶层累 cénglěi 누적되다 / ❷层楼 cénglóu 고층 건물 / ❸深层 shēncéng 더욱 진일보한

617 划 huà/huá (劃) 6획 刂부
그을 획 ❶긋다, 가르다, 나누다 / ❷이체하다, 떼어 주다 / ❸계획하다 / ❹(배를) 젓다
❶划界 huàjiè 경계를 긋다 / ❷划付 huàfù 지출하다 / ❸划策 huàcè 획책하다 / ❹划船 huáchuán 배를 젓다

618 企 qǐ 6획 人부
도모할 기 ❶발돋움하다 / ❷계획하다, 꾀하다 / ❸바라다, 기대하다
❶企足而待 qǐzúérdài 발돋움하여 기다리다 / ❷企图 qǐtú 기도하다 / ❸企求 qǐqiú 기구하다, 바라다

619 客 kè
9획 宀부

客客客客客客客客客

손 객
- ❶손님, 고객 / ❷여객, 여행자 / ❸(외지에) 기거하다 / ❹객관적인
- ❶顾客 gùkè 고객 / ❷旅客 lǚkè 여행객 / ❸客居 kèjū 타향살이하다 / ❹客观 kèguān 객관적인

620 底 dǐ
8획 广부

底底底底底底底底

밑 저
- ❶밑, 바닥, 아래 / ❷속사정, 내막 / ❸기초, 토대 / ❹끝, 마지막
- ❶底下 dǐxia 밑 / ❷底里 dǐlǐ 속사정 / ❸底垫 dǐdiàn 밑바탕, 기초 / ❹月底 yuèdǐ 월말

621 屋 wū
9획 尸부

屋屋屋屋屋屋屋屋屋

집 옥
- ❶집, 주택, 가옥 / ❷방, 실, 거실
- ❶屋顶 wūdǐng 옥상 / ❷里屋 lǐwū 뒷방

622 阳 yáng (陽)
6획 阝부

阳阳阳阳阳阳

볕 양
- ❶양, 양기 / ❷태양, 해 / ❸돌출되어 있다, 표면적이다
- ❶阴阳 yīnyáng 음과 양 / ❷太阳 tàiyáng 태양 / ❸阳文 yángwén 양각 문양

623 律 lǜ
9획 彳부

律律律律律律律律

법 률
- ❶법률, 규율 / ❷음률, 악률 / ❸제한하다, 규제하다 / ❹한결 같은, 일률적으로
- ❶法律 fǎlǜ 법률 / ❷旋律 xuánlǜ 선율, 멜로디 / ❸律己 lǜjǐ 자신을 단속하다 / ❹一律 yīlǜ 일률적으로

624 妈 mā (媽)
6획 女부

妈妈妈妈妈妈

어미 마
- ❶엄마, 어머니 / ❷부모와 같은 항렬의 기혼 여성
- ❶妈妈 māma 엄마 / ❷大妈 dàmā 큰어머니

625 派 pài
9획 氵부

派派派派派派派派派

갈라질 파　❶파, 파벌 / ❷기풍, 태도 / ❸파견하다 / ❹분배하다, 할당하다
❶学派 xuépài 학파 / ❷派势 pàishi 기세 / ❸派遣 pàiqiǎn 파견하다 / ❹分派 fēnpài 분배하다

626 啊 ā/á/ǎ/à
10획 口부

啊啊啊啊啊啊啊啊啊啊

어조사 아　(감탄사) ❶경이, 감탄 / ❷캐묻는 의문 / ❸의아함 / ❹승낙
❶啊哈 āhā 아하! 아! 와! / ❷啊 á 어? 네? 응? / ❸啊 ǎ 아니, 허어, 저런 / ❹啊 à 그래, 네

627 护 hù (護)
7획 扌부

护护护护护护护

지킬 호　❶지키다, 보호하다 / ❷편들다, 감싸다, 비호하다
❶保护 bǎohù 보호하다 / ❷庇护 bìhù 비호하다

628 施 shī
9획 方부

施施施施施施施施施

베풀 시　❶실시하다, 시행하다 / ❷뿌리다, 살포하다 / ❸베풀다 / ❹첨가하다
❶实施 shíshī 실시하다 / ❷施肥 shīféi 비료를 주다 / ❸施恩 shīēn 은혜를 베풀다 / ❹施粉 shīfěn 분을 바르다

629 富 fù
12획 宀부

富富富富富富富富富富富

넉넉할 부　❶부유하다, 재산이 많다 / ❷자원, 재산 / ❸풍부하다, 많다
❶富有 fùyǒu 부유하다 / ❷财富 cáifù 재산, 자원 / ❸富足 fùzú 풍족하다, 넉넉하다

630 像 xiàng
12획 亻부

像像像像像像像像像

모양 상　❶상, 형상 / ❷닮다, 비슷하다 / ❸마치 ~와 같다
❶图像 túxiàng 형상, 영상 / ❷好像 hǎoxiàng 비슷하다 / ❸像比 xiàngbǐ 마치 ~와 같다

114

631 留 liú
10획 田부

留留留留留留留留留留

머무를 류 ❶남다, 머무르다 / ❷유학하다 / ❸주의하다 / ❹보류하다, 보존하다
❶停留 tíngliú 머물다 / ❷留学 liúxué 유학하다 / ❸留心 liúxīn 주의하다 / ❹保留 bǎoliú 보존하다

632 让 ràng (讓)
5획 讠부

让让让让让

사양할 양 ❶사양하다, 양보하다 / ❷접대하다, 권하다 / ❸양도하다
❶辞让 círàng 사양하다 / ❷让酒 ràngjiǔ 술을 권하다 / ❸让渡 ràngdù 양도하다

633 敌 dí (敵)
10획 攵부

敌敌敌敌敌敌敌敌敌

원수 적 ❶적, 상대, 원수 / ❷대항하다, 적대하다 / ❸서로 맞먹다, 견줄 만하다
❶敌兵 díbīng 적병, 적군 / ❷敌挡 dídǎng 대항하다 / ❸匹敌 pǐdí 호적수, 필적하다

634 吧 ba
7획 口부

吧吧吧吧吧吧吧

어조사 파 (문장의 끝에 쓰여) ❶부탁, 명령, 재촉 / ❷의문, 추측 / ❸동의, 허락
❶请 ~吧 qǐng ~ba ~하세요 / ❷很忙吧? hěnmángba? 많이 바쁘죠? / ❸好吧 hǎoba 좋다, 네, 그래

635 供 gōng/gòng
8획 亻부

供供供供供供供供

이바지할 공 ❶공급하다, 제공하다 / ❷(제물을) 바치다 / ❸자백하다, 진술하다
❶供需 gōngxū 공급하다 / ❷供献 gòngxiàn 바치다, 올리다 / ❸供出 gòngchū 자백하다

636 皮 pí
5획 皮부

皮皮皮皮皮

가죽 피 ❶가죽, 껍질, 피부 / ❷겉, 표면 / ❸얇고 평평한 것
❶皮革 pígé 피혁, 가죽 / ❷水皮儿 shuǐpír 수면 / ❸铁皮 tiěpí 얇은 철판

637
维 wéi (維) 11획 纟부

维维维维维维维维维维

맬 유　❶매다, 묶어 놓다, 잇다 / ❷유지하다, 지탱하다 / ❸실처럼 가늘고 긴 것
❶维系 wéixì 틀어쥐다, 잡아매다 / ❷维持 wéichí 유지하다 / ❸纤维 xiānwéi 섬유

638
值 zhí (値) 10획 亻부

值值值值值值值值值值

값 치　❶가치, 수치 / ❷~의 가치가 있는, ~할 만한 / ❸돌아가면서 일을 맡다
❶价值 jiàzhí 가치 / ❷值得 zhíde ~할 가치가 있다 / ❸值班 zhíbān 당번을 맡다

639
既 jì 9획 无부

既既既既既既既既既

이미 기　❶이미, 벌써 / ❷기왕 그렇게 된 이상 / ❸~할 뿐만 아니라, ~하고도
❶既定 jìdìng 이미 정한 / ❷既然 jìrán 이왕 이렇게 된 바에야 / ❸既快又好 jìkuàiyòuhǎo 빠르고도 좋다

640
例 lì 8획 亻부

例例例例例例例例

본보기 례　❶예, 보기 / ❷규칙, 규정 / ❸관례, 선례 / ❹경우, 사례
❶例子 lìzi 예, 보기 / ❷条例 tiáolì 조례 / ❸惯例 guànlì 관례 / ❹事例 shìlì 사례

641
急 jí 9획 心부

急急急急急急急急

급할 급　급하다, 서두르다, 초조해하다, 긴박하다
急忙 jímáng 급하다, 바쁘다 / 焦急 jiāojí 초조해하다 / 危急 wēijí 위태롭고 급하다

642
弟 dì 7획 弓부

弟弟弟弟弟弟弟

아우 제　❶동생, 아우 / ❷친척 중에 자기보다 어린 남자 / ❸제자, 문제
❶弟弟 dìdi 아우, 남동생 / ❷妻弟 qīdì 처남, 처의 남동생 / ❸徒弟 túdì 도제, 제자

643

答

dá

12획 竹부

答 答 答

答答答答答答答答答答答答

대답할 답 ❶대답하다, 응답하다 / ❷보답하다, 답례하다

❶回答 huídá 회답하다, 대답하다 / ❷报答 bàodá 보답하다

644

严

yán

(嚴)

7획 一부

严 严 严

严严严严严严严

엄할 엄 ❶철저하다, 치밀하다 / ❷엄격하다 / ❸심하다, 모질다 / ❹아버지, 부친

❶严密 yánmì 빈틈없다 / ❷严格 yángé 엄격하다 / ❸严冬 yándōng 매서운 추위 / ❹家严 jiāyán 우리 아버지

645

轮

lùn

(輪)

8획 车부

轮 轮 轮

轮轮轮轮轮轮轮轮

바퀴 륜 ❶바퀴 / ❷바퀴처럼 둥근 것 / ❸기선 / ❹차례가 되다, (순번대로) 교대하다

❶车轮 chēlùn 수레바퀴 / ❷月轮 yuèlùn 둥근 달 / ❸快轮 kuàilùn 쾌속선 / ❹轮次 lùncì 차례대로 하다

646

孔

kǒng

4획 子부

孔 孔 孔

孔孔孔孔

구멍 공 ❶구멍 / ❷매우, 대단히 / ❸통하다

❶孔洞 kǒngdòng 구멍 / ❷孔急 kǒngjí 매우 급하다 / ❸孔道 kǒngdào 사방으로 통하는 큰길

647

击

jī

(擊)

5획 凵부

击 击 击

击击击击击

칠 격 ❶치다, 두드리다 / ❷공격하다 / ❸접촉하다, 마주치다

❶击掌鼓 jīzhǎng 손뼉을 치다 / ❷攻击 gōngjī 공격하다 / ❸冲击 chōngjī 충격, 부딪치다

648

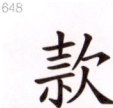

款

kuǎn

12획 欠부

款 款 款

款款款款款款款款款款款款

정성 관 ❶진실하다, 간절하다 / ❷초대하다, 대접하다 / ❸조항, 조목 / ❹돈, 금액

❶款诚 kuǎnchéng 정성, 성의 / ❷款待 kuǎndài 환대하다 / ❸条款 tiáokuǎn 조항 / ❹现款 xiànkuǎn 현금

649 息 xī
10획 心부
숨쉴 식
息息息息息息息息息息
❶숨, 호흡 / ❷소식 / ❸그만두다, 멈추다 / ❹휴식하다, 쉬다
❶气息 qìxī 호흡 / ❷消息 xiāoxi 소식 / ❸息火 xīhuǒ 불을 끄다 / ❹休息 xiūxi 휴식하다

650 扬 yáng (揚)
6획 扌부
오를 양
扬扬扬扬扬扬
❶높이 들다, 위로 올리다 / ❷휘날리다 / ❸유포하다, 퍼뜨리다 / ❹칭찬하다
❶昂扬 ángyáng 드높다 / ❷飘扬 piāoyáng 펄럭이다 / ❸宣扬 xuānyáng 선양하다 / ❹赞扬 zànyáng 찬양하다

651 叶 yè (葉)
5획 口부
잎 엽
叶叶叶叶叶
❶잎 / ❷잎처럼 얇은 것 / ❸세대, 시대
❶叶烟 yèyān 잎담배 / ❷叶铁 yètiě 얇은 철판 / ❸末叶 mòyè 말엽, 세기 또는 왕조의 끝 무렵

652 轻 qīng (輕)
9획 车부
가벼울 경
轻轻轻轻轻轻轻轻
❶가볍다, 작다 / ❷간단하다, 간편하다 / ❸경솔하다 / ❹중요하지 않다
❶轻微 qīngwēi 경미하다 / ❷轻便 qīngbiàn 간편하다 / ❸轻率 qīngshuài 경솔하다 / ❹轻贱 qīngjiàn 비천하다

653 朝 zhāo/cháo
12획 月부
아침 조
朝朝朝朝朝朝朝朝朝朝朝朝
❶아침 / ❷날, 하루 / ❸왕조, 조정(朝 : 왕조 조) / ❹참배하다, 알현하다(朝 : 왕조 조)
❶朝报 zhāobào 조간신문 / ❷明朝 míngzhāo 내일 / ❸王朝 wángcháo 왕조 / ❹朝拜 cháobài 참배하다

654 率 shuài/lǜ
11획 玄부
거느릴 솔
率率率率率率率率率率率
❶거느리다, 인솔하다 / ❷따르다 / ❸경솔하다 / ❹율, 비율(率 : 비율 률)
❶率领 shuàilǐng 이끌다 / ❷率由 shuàiyóu 따르다 / ❸轻率 qīngshuài 경솔하다 / ❹效率 xiàolǜ 효율

655
责 zé (責) 8획 贝부

责责责责责责责责

꾸짖을 책 ❶책임지다 / ❷질문하다, 따지다 / ❸나무라다, 꾸짖다
❶负责 fùzé 책임지다 / ❷责对 zéduì 따지고 묻다 / ❸责备 zébèi 책망하다

656
营 yíng (營) 11획 艹부

营营营营营营营营营营营

경영할 영 ❶추구하다, 도모하다 / ❷경영하다, 관리하다 / ❸병영, 주둔지
❶营利 yínglì 영리를 꾀하다 / ❷经营 jīngyíng 경영하다 / ❸野营 yěyíng 야영하다

657
雨 yǔ 8획 雨부

雨雨雨雨雨雨雨雨

비 우 비
暴雨 bàoyǔ 폭우 / 雨点(儿) yǔdiǎn(r) 빗방울 / 雨水 yǔshuǐ 빗물, 강우량

658
监 jiān (監) 10획 皿부

监监监监监监监监监监

살필 감 ❶감시하다, 감독하다 / ❷감옥, 감방
❶监视 jiānshì 감시하다 / ❷收监 shōujiān 수감하다, 옥에 가두다

659
忙 máng 6획 忄부

忙忙忙忙忙忙

바쁠 망 ❶바쁘다, 분주하다 / ❷서두르다, 서둘러 ~하다 / ❸~를 준비하다
❶急忙 jímáng 급하다 / ❷连忙 liánmáng 서둘러, 급히, 바로 / ❸忙饭 mángfàn 식사를 준비하다

660
称 chēng (稱) 10획 禾부

称称称称称称称称称称

일컬을 칭 ❶일컫다, 칭하다 / ❷명칭 / ❸말하다, 진술하다 / ❹찬양하다, 칭찬하다
❶称呼 chēnghu 호칭하다 / ❷尊称 zūnchēng 존칭 / ❸称述 chēngshù 진술하다 / ❹称赞 chēngzàn 칭찬하다

661 继 jì (繼) 10획 糸부
继继继继继继继继继
이을 계 ❶계속하다, 이어지다, 지속하다 / ❷그 다음에, 잇달아서
❶继承 jìchéng 계승하다 / ❷相继 xiāngjì 연이어, 잇달아, 계속하여

662 固 gù 8획 囗부
固固固固固固固固
굳을 고 ❶튼튼하다, 견고하다 / ❷딱딱하다 / ❸굳이, 단호히 / ❹본래, 전부터
❶坚固 jiāngù 견고하다 / ❷固体 gùtǐ 고체 / ❸固辞 gùcí 굳이 사양하다 / ❹固有 gùyǒu 고유의

663 渐 jiān/jiàn (漸) 11획 氵부
渐渐渐渐渐渐渐渐渐渐渐
번질 점 ❶적시다, 스며들다 / ❷점차, 차츰차츰(漸 : 차차 점)
❶渐染 jiānrǎn 서서히 물들다 / ❷渐次 jiàncì 점점, 차차

664 医 yī (醫) 7획 匸부
医医医医医医医
의원 의 ❶의사 / ❷의학 / ❸치료하다
❶医生 yīshēng 의사 / ❷医学 yīxué 의학 / ❸医治 yīzhì 치료하다

665 良 liáng 7획 艮부
良良良良良良良
어질 량 ❶좋다, 훌륭하다 / ❷선량한 사람, 양민 / ❸매우, 아주
❶善良 shànliáng 선량하다 / ❷良贱 liángjiàn 양민과 천민 / ❸良久 liángjiǔ 아주 오랫동안

666 初 chū 7획 刀부
初初初初初初初
처음 초 ❶처음, 최초 / ❷초급, 초등의 / ❸원래의, 본래의
❶最初 zuìchū 최초, 처음 / ❷初级 chūjí 초급의 / ❸起初 qǐchū 원래, 본래

667
刀 dāo
2획 刀부

刀刀

칼 도 칼, 칼 모양의 물건
菜刀 càidāo 부엌칼, 식칼 / 剪刀 jiǎndāo 가위 / 冰刀 bīngdāo 스케이트 날

668
星 xīng
9획 日부

星星星星星星星星

별 성 ❶천체, 별 / ❷부스러기, 방울, 매우 작은 것 / ❸저울눈
❶行星 xíngxīng 행성 / ❷零星 língxīng 소량의, 자잘한 / ❸秤星(儿) chèngxīng(r) 저울의 눈금

669
按 àn
9획 扌부

按按按按按按按按按

누를 안 ❶(손으로) 누르다 / ❷억누르다 / ❸~에 따라, ~대로 / ❹대조하다, 조사하다
❶按巴 ànba 살짝 누르다 / ❷按耐 ànnài 억제하다 / ❸按照 ànzhào ~에 따라 / ❹按考 ànkǎo 조사하다

670
坏 huài
(壞)
7획 土부

坏坏坏坏坏坏坏

무너질 괴 ❶나쁘다, 못되다 / ❷무척 ~하다 / ❸고장나다, 망가지다
❶坏鬼 huàiguǐ 악당, 나쁜 놈 / ❷饿坏了 èhuàile 무척 배고프다 / ❸破坏 pòhuài 파괴하다

671
帝 dì
9획 巾부

帝帝帝帝帝帝帝帝帝

임금 제 ❶임금, 황제 / ❷하느님, 창조주 / ❸제국주의
❶皇帝 huángdì 황제 / ❷上帝 shàngdì 천제, 하느님 / ❸帝国主义 dìguózhǔyì 제국주의

672
负 fù
(負)
6획 贝부

负负负负负负

질 부 ❶(짐을) 지다 / ❷(임무를) 맡다 / ❸의지하다 / ❹당하다, 받다
❶负载 fùzài 등에 지다 / ❷负责 fùzé 책임지다 / ❸自负 zìfù 자부하다 / ❹负伤 fùshāng 부상당하다

673
待 dài
9획 彳부

待待待待待待待待

기다릴 대 ❶대하다, 대우하다 / ❷접대하다 / ❸기다리다 / ❹필요로하다
❶待遇 dàiyù 대우하다 / ❷接待 jiēdài 접대하다 / ❸期待 qīdài 기대하다 / ❹待考 dàikǎo 고려할 필요가 있다

674
姑 gū
8획 女부

姑姑姑姑姑姑姑姑

시어미 고 ❶잠시, 잠깐 / ❷시어머니 / ❸시누이 / ❹고모
❶姑且 gūqiě 잠시, 잠깐 / ❷公姑 gōnggū 시부모 / ❸姑母 gūmǔ 고모 / ❹大姑子 dàgūzi 손위 시누이

675
夜 yè
8획 夕부

夜夜夜夜夜夜夜夜

밤 야 밤, 밤중
黑夜 hēiyè 밤, 야간 / 日夜 rìyè 밤낮, 주야 / 夜班 yèbān 야근, 밤 근무

676
属 shǔ
(屬)
12획 尸부

属属属属属属属属属属

무리 속 ❶같은 종류, 부류 / ❷예속하다, ~에 속하다 / ❸가족, 가속
❶金属 jīnshǔ 금속 / ❷属于 shǔyú ~에 소속되다 / ❸家属 jiāshǔ 가족, 가속

677
密 mì
11획 宀부

密密密密密密密密密密密

빽빽할 밀 ❶조밀하다, 빽빽하다 / ❷(관계가) 가깝다 / ❸치밀하다, 정밀하다 / ❹비밀의
❶稠密 chóumì 조밀하다 / ❷亲密 qīnmì 친밀하다 / ❸精密 jīngmì 정밀하다 / ❹秘密 mìmì 비밀의

678
简 jiǎn
(簡)
13획 竹부

简简简简简简简简简简简简

대쪽 간 ❶간단하다, 단순하다 / ❷편지 / ❸선발하다, 뽑다
❶简单 jiǎndān 간단하다 / ❷书简 shūjiǎn 서신, 편지 / ❸简拔 jiǎnbá 선발하다

685 尺 chǐ
4획 尸부

尺尺尺尺

자 척 ❶척(길이 단위) / ❷자, 자처럼 생긴 물건
❶公尺 gōngchǐ 미터(m) / ❷皮尺 píchǐ 줄자

686 云 yún (雲)
4획 二부

云云云云

구름 운 구름, 구름과 비슷하게 생긴 것
云彩 yúncai 구름 / 云海 yúnhǎi 구름바다 / 云集 yúnjí 구름처럼 모여들다

687 副 fù
11획 刂부

副副副副副副副副副

버금 부 ❶두 번째의, 보조의 / ❷부합하다, 들어맞다 / ❸부수적인, 부대적인
❶副食 fùshí 부식 / ❷名不副实 míngbùfùshí 유명무실하다 / ❸副作用 fùzuòyòng 부작용

688 男 nán
7획 田부

男男男男男男男

사내 남 남자, 남성, 아들
男性 nánxìng 남성 / 男生 nánshēng 남학생 / 长男 zhǎngnán 장남

689 致 zhì
10획 至부

致致致致致致致致致致

이를 치 ❶보내다, 표시하다 / ❷집중하다 / ❸달성하다 / ❹흥미, 취미
❶致敬 zhìjìng 경의를 표하다 / ❷致力 zhìlì 애쓰다 / ❸致富 zhìfù 부자가 되다 / ❹兴致 xìngzhì 흥미

690 适 shì (適)
9획 辶부

适适适适适适适适适

맞을 적 ❶적합하다, 알맞다 / ❷편안하다 / ❸이제 막, 방금 / ❹가다
❶适当 shìdàng 적당하다 / ❷舒适 shūshì 편안하다 / ❸适才 shìcái 방금, 막 / ❹适京 shìjīng 상경하다

124

691 协 xié (協) 6획 十부
합할 협 ❶합하다, 모으다 / ❷협조하다, 돕다 / ❸화합하다 / ❹복종하다
❶协力 xiélì 협력하다 / ❷协助 xiézhù 협조하다 / ❸协谐 xiéxié 어울리다 / ❹协服 xiéfú 기꺼이 복종하다

692 靠 kào 15획 非부
기댈 고 ❶기대다 / ❷접근하다, 다가가다 / ❸의지하다, 의뢰하다 / ❹신뢰하다
❶靠子 kàozi 등받이 / ❷靠泊 kàobó 정박하다 / ❸依靠 yīkào 의지하다 / ❹可靠 kěkào 믿음직하다

693 艺 yì (藝) 4획 艹부
재주 예 ❶기술, 기예 / ❷예술, 예능 / ❸준칙, 한도
❶手艺 shǒuyì 수예 / ❷艺术 yìshù 예술 / ❸无艺 wúyì 한도가 없다, 법도가 없다

694 脚 jiǎo 11획 月부
다리 각 ❶(사람, 동물의) 발 / ❷다리, 밑동, 아래 / ❸찌꺼기, 여분
❶脚底 jiǎodǐ 발바닥 / ❷山脚 shānjiǎo 산기슭 / ❸酒脚 jiǔjiǎo 남은 술

695 换 huàn (換) 10획 扌부
바꿀 환 ❶바꾸다, 교환하다 / ❷갈다, 변환하다 / ❸환전하다
❶交换 jiāohuàn 교환하다 / ❷转换 zhuǎnhuàn 전환하다 / ❸兑换 duìhuàn 환전하다

696 配 pèi 10획 酉부
짝 배 ❶결혼하다, 혼인하다 / ❷교배시키다 / ❸배합하다 / ❹분배하다, 배당하다
❶婚配 hūnpèi 결혼하다 / ❷交配 jiāopèi 교배하다 / ❸配药 pèiyào 약을 조제하다 / ❹分配 fēnpèi 분배하다

125

697 宽 kuān (寬) 10획 宀부

宽宽宽宽宽宽宽宽宽

너그러울 관 ❶(면적 등이) 넓다 / ❷폭, 너비 / ❸느슨하다 / ❹여유롭다, 풍족하다
❶宽大 kuāndà 넓다, 크다 / ❷宽度 kuāndù 너비 / ❸宽容 kuānróng 관용하다 / ❹宽裕 kuānyù 여유롭다

698 追 zhuī 9획 辶부

追追追追追追追追追

쫓을 추 ❶쫓다, 뒤따르다 / ❷추궁하다, 캐다 / ❸추구하다 / ❹거슬러 올라가다
❶追赶 zhuīgǎn 쫓아가다 / ❷追问 zhuīwèn 추궁하다 / ❸追求 zhuīqiú 추구하다 / ❹追悼 zhuīdào 추도하다

699 洲 zhōu 9획 氵부

洲洲洲洲洲洲洲洲洲

섬 주 ❶주, 대륙 / ❷주(흙이나 모래가 퇴적되어 생긴 땅)
❶亚洲 yàzhōu 아시아 주 / ❷三角洲 sānjiǎozhōu 삼각주

700 久 jiǔ 3획 丿부

久久久

오랠 구 ❶길다, 오래다 / ❷오랫동안 / ❸(경과한) 시간, 기간, 동안
❶不久 bùjiǔ 오래지 않다 / ❷久别 jiǔbié 오랫동안 헤어지다 / ❸久已 jiǔyǐ 오래 전에 벌써, 일찍이

701 财 cái (財) 7획 贝부

财财财财财财财

재물 재   재물, 재화
财产 cáichǎn 재산 / 财力 cáilì 재력 / 理财 lǐcái 재테크하다

702 免 miǎn 7획 儿부

免免免免免免

면할 면 ❶면하다, 면제하다 / ❷벗어나다 / ❸해임하다 / ❹할 수 없다, 안 된다
❶免除 miǎnchú 면하다 / ❷免去 miǎnqù 그만두다 / ❸免职 miǎnzhí 면직하다 / ❹免进 miǎnjìn 입장을 금지하다

703 旅 lǚ
10획 方부

旅旅旅旅旅旅旅旅旅旅

나그네 려 ❶여행하다 / ❷여객, 나그네 / ❸공동으로, 함께

❶旅行 lǚxíng 여행하다 / ❷旅客 lǚkè 여행객, 나그네 / ❸旅进旅退 lǚjìnlǚtuì 남의 장단에 춤추다

704 错 cuò (錯)
13획 钅부

错错错错错错错错错错错错

섞일 착 ❶뒤섞이다, 복잡하다 / ❷놓치다, 잃다 / ❸잘못, 허물

❶交错 jiāocuò 교착하다 / ❷错过 cuòguò 놓치다 / ❸差错 chācuò 착오, 실수

705 姐 jiě
8획 女부

姐姐姐姐姐姐姐姐

누이 저 ❶누나, 언니 / ❷친척 중 손위 여자 / ❸아씨(젊은 여자를 일반적으로 부를 때)

❶姐姐 jiějie 누나, 언니 / ❷表姐 biǎojiě 사촌 누이 / ❸妈姐 mājiě 가정부, 여성 고용인

706 归 guī (歸)
5획 크부

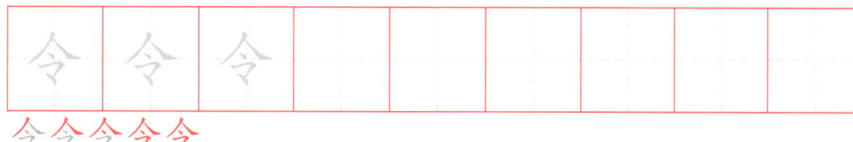

돌아갈 귀 ❶돌아가다 / ❷돌려주다 / ❸몰려들다, 집중하다 / ❹~에 속하다

❶归复 guīfù 복귀하다 / ❷归还 guīhuán 돌려주다 / ❸归集 guījí 모이다 / ❹归于 guīyú ~에 속하다

707 令 lìng
5획 人부

令令令令令

명령할 령 ❶명령하다 / ❷때, 철, 계절 / ❸좋다, 아름답다

❶命令 mìnglìng 명령 / ❷冬令 dōnglìng 겨울철 / ❸令名 lìngmíng 좋은 이름

708 余 yú (餘)
7획 人부

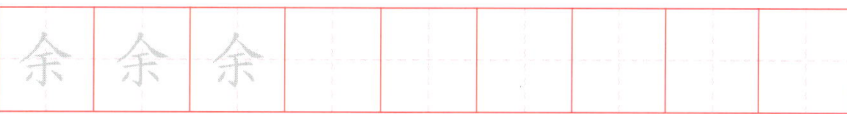

남을 여 ❶남기다, 남다 / ❷여분, 나머지 / ❸~여, ~남짓

❶残余 cányú 남다, 잔류하다 / ❷其余 qíyú 나머지, 여분 / ❸百余斤 bǎiyújīn 백여 근

127

709 读 dú (讀) 10획 讠부

읽을 독　❶낭독하다 / ❷읽다, 열독하다 / ❸학교에 가다, 공부하다
❶朗读 lǎngdú 낭독하다 / ❷读书 dúshū 책을 읽다 / ❸攻读 gōngdú 열심히 공부하다

710 创 chuàng/chuāng (創) 6획 刂부

비롯할 창　❶시작하다, 창조하다 / ❷외상, 상처 (創 : 다칠 창)
❶创造 chuàngzào 창조하다 / ❷创伤 chuāngshāng 상처

711 置 zhì (置) 13획 罒부

둘 치　❶두다, 놓다 / ❷설립하다, 설치하다 / ❸구매하다, 장만하다
❶安置 ānzhì 안치하다 / ❷设置 shèzhì 설치하다 / ❸置备 zhìbèi 구입하다

712 益 yì 10획 皿부

더할 익　❶이익, 이득 / ❷이롭다, 유익하다 / ❸증가하다, 더하다 / ❹더욱, 한층 더
❶利益 lìyì 이익 / ❷有益 yǒuyì 유익하다 / ❸增益 zēngyì 증익하다 / ❹益发 yìfā 더욱, 훨씬

713 穿 chuān 9획 穴부

뚫을 천　❶(구멍을) 파다, 뚫다 / ❷관통하다, 꿰뚫다 / ❸꿰다 / ❹입다, 신다
❶穿口 chuānkǒu 구멍 / ❷穿贯 chuānguàn 관통하다 / ❸穿线 chuānxiàn 실을 꿰다 / ❹穿衣 chuānyī 옷을 입다

714 端 duān 14획 立부

끝 단　❶(물체의) 끝 / ❷시작, 발단 / ❸원인, 이유 / ❹단정하다, 바르다
❶顶端 dǐngduān 꼭대기 / ❷发端 fāduān 발단 / ❸端底 duāndǐ 까닭 / ❹端正 duānzhèng 단정하다

128

715 抗 kàng
7획 扌부

抗抗抗抗抗抗抗

막을 항 ❶저항하다, 싸우다 / ❷거절하다, 거스르다 / ❸맞서다, 필적하다
❶抵抗 dǐkàng 저항하다 / ❷抗命 kàngmìng 항명하다 / ❸抗衡 kànghéng 필적하다

716 独 dú (獨)
9획 犭부

独独独独独独独独

홀로 독 ❶이기적이다 / ❷하나, 단독 / ❸오직, 다만 / ❹외롭다
❶独善 dúshàn 독선적이다 / ❷独立 dúlì 홀로 서다 / ❸独单 dúdān 단지, 다만 / ❹孤独 gūdú 고독하다

717 某 mǒu
9획 木부

某某某某某某某某某

아무 모 아무, 어느, 모, 아무개
某个 mǒuge 어떤, 어느 / 某人 mǒurén 아무개, 어떤 사람 / 某些 mǒuxiē 몇몇, 일부

718 判 pàn
7획 刂부

判判判判判判判

가를 판 ❶나누다, 구분하다 / ❷분명하다, 확실하다 / ❸판결하다 / ❹평정하다
❶判別 pànbié 판별하다 / ❷判然 pànrán 분명하게 / ❸判決 pànjué 판결하다 / ❹批判 pīpàn 비판하다

719 闻 wén (聞)
9획 门부

闻闻闻闻闻闻闻闻闻

들을 문 ❶듣다 / ❷소식, 소문 / ❸명성이 있다, 유명하다 / ❹견문, 지식
❶闻听 wéntīng 듣다 / ❷新闻 xīnwén 소식 / ❸闻人 wénrén 이름난 사람 / ❹闻见 wénjiàn 견문

720 敢 gǎn
11획 攵부

敢敢敢敢敢敢敢敢敢

어찌 감 ❶용감하다 / ❷감히, 대담하게 / ❸감히 ~하다
❶勇敢 yǒnggǎn 용감하다 / ❷敢是 gǎnshì 혹시, 아마도 / ❸敢于 gǎnyú 감히 ~하다

721 午 wǔ 4획 十부
午午午午
낮 오   낮, 정오, 점심
上午 shàngwǔ 상오, 오전 / 午饭 wǔfàn 점심, 중식 / 中午 zhōngwǔ 정오, 한낮

722 冷 lěng 7획 冫부
冷冷冷冷冷冷冷
찰 랭   ❶춥다, 차다 / ❷냉담하다, 냉정하다 / ❸고요하다, 한산하다 / ❹생소하다
❶寒冷 hánlěng 차다 / ❷冷待 lěngdài 냉대하다 / ❸冷清 lěngqing 적막하다 / ❹冷僻 lěngpì 생소하다

723 材 cái 7획 木부
材材材材材材材
재목 재   ❶목재, 재료 / ❷자료 / ❸재능, 자질 / ❹재능이 있는 사람
❶材料 cáiliào 재료 / ❷教材 jiàocái 교재 / ❸材干 cáigàn 재간, 재능 / ❹人材 réncái 인재

724 春 chūn 9획 日부
春春春春春春春春春
봄 춘   ❶봄, 봄철 / ❷(남녀의) 욕정 / ❸생기, 힘찬 기운
❶春天 chūntiān 봄철 / ❷春心 chūnxīn 춘심, 춘정 / ❸青春 qīngchūn 청춘

725 守 shǒu 6획 宀부
守守守守守守
지킬 수   ❶수비하다, 지키다 / ❷간호하다, 보살피다 / ❸준수하다
❶防守 fángshǒu 수비하다 / ❷守护 shǒuhù 수호하다 / ❸遵守 zūnshǒu 준수하다

726 虫 chóng (蟲) 6획 虫부
虫虫虫虫虫虫
벌레 충   ❶곤충, 벌레 / ❷동물 / ❸경멸할 만한 사람
❶虫子 chóngzi 곤충 / ❷长虫 chángchóng 뱀 / ❸懒虫 lǎnchóng 게으름뱅이

727
仅 jǐn (僅) 4획 亻부

仅仅仅仅

겨우 근　겨우, 가까스로, 다만, 단지, ~뿐

仅仅 jǐnjǐn 겨우, 단지 / 仅够 jǐngòu 간신히 ~만하다 / 仅是 jǐnshì 단지 ~일 뿐이다

728
态 tài (態) 8획 心부

态态态态态态态态

모양 태　❶형태, 모양, 상태 / ❷몸가짐, 태도

❶形态 xíngtài 형태 / ❷态度 tàidu 태도, 몸짓

729
圆 yuán (圓) 10획 口부

圆圆圆圆圆圆圆圆圆圆

둥글 원　❶원, 동그라미 / ❷순조롭다, 원만하다 / ❸공처럼 둥글다

❶圆规 yuánguī 컴퍼스 / ❷圆满 yuánmǎn 원만하다 / ❸圆桌 yuánzhuō 원탁

730
岁 suì (歲) 6획 山부

岁岁岁岁岁岁

해 세　❶년, 해 / ❷살, 세(나이) / ❸시간

❶岁初 suìchū 연초 / ❷三岁 sānsuì 세 살 / ❸岁月 suìyuè 세월

731
预 yù (預) 10획 页부

预预预预预预预预预预

미리 예　❶미리, 사전에 / ❷참가하다, 참여하다

❶预防 yùfáng 예방하다 / ❷参预 cānyù 참가하다, 가담하다

732
宣 xuān 9획 宀부

宣宣宣宣宣宣宣宣宣

베풀 선　❶선언하다, 발표하다 / ❷물길을 트다 / ❸선양하다, 드높이다

❶宣布 xuānbù 선포하다 / ❷宣泄 xuānxiè 배수하다 / ❸宣扬 xuānyáng 선양하다

733 略 lüè 11획 田부
略略略略略略略略略略略
간략할 략 ❶간단하다, 대략적이다 / ❷대충, 약간 / ❸생략하다 / ❹계책, 계략
❶略图 lüètú 약도 / ❷略微 lüèwēi 조금, 약간 / ❸省略 shěnglüè 생략하다 / ❹策略 cèlüè 책략

734 源 yuán 13획 氵부
源源源源源源源源源源源源
근원 원　근원, 출처, 기원, 발원지
源泉 yuánquán 원천 / 起源 qǐyuán 기원 / 资源 zīyuán 자원

735 素 sù 10획 糸부
素素素素素素素素素素
흴 소 ❶흰색, 본색 / ❷점잖다, 수수하다 / ❸본래의, 원래의 / ❹요소, 기본 성분
❶素白 sùbái 새하얗다 / ❷朴素 pǔsù 소박하다 / ❸素质 sùzhì 자질 / ❹要素 yàosù 요소

736 矿 kuàng (礦) 8획 石부
矿矿矿矿矿矿矿矿
쇳돌 광 ❶광상 / ❷광석, 광물 / ❸광산
❶矿床 kuàngchuáng 광상 / ❷矿石 kuàngshí 광석 / ❸矿山 kuàngshān 광산

737 充 chōng 6획 儿부
充充充充充充
찰 충 ❶가득하다, 충만하다 / ❷맡다, 담당하다 / ❸충당하다 / ❹사칭하다
❶充分 chōngfèn 충분하다 / ❷充任 chōngrèn 맡다 / ❸补充 bǔchōng 보충하다 / ❹充懂 chōngdǒng 아는 체하다

738 刚 gāng (剛) 6획 刂부
刚刚刚刚刚刚
굳셀 강 ❶굳세다, 강건하다 / ❷마침, 꼭, 때맞춰 / ❸지금, 막, 바로
❶刚度 gāngdù 강도 / ❷刚巧 gāngqiǎo 때마침 / ❸刚才 gāngcái 방금

739 语 yǔ (語)
9획 讠부

语语语语语语语语语

말씀 어 ❶말, 언어 / ❷말하다 / ❸속담, 성어
❶外语 wàiyǔ 외국어 / ❷细语 xìyǔ 속삭이다 / ❸成语 chéngyǔ 고사성어

740 左 zuǒ
5획 工부

左左左左左

왼 좌 ❶좌측, 왼쪽 / ❷치우치다, 나쁘다 / ❸상반되다 / ❹진보적인, 좌익의
❶左边 zuǒbiān 왼쪽 / ❷左癖 zuǒpǐ 나쁜 버릇 / ❸相左 xiāngzuǒ 상반되다 / ❹左派 zuǒpài 좌파

741 考 kǎo
6획 耂부

考考考考考考

생각할 고 ❶시험하다 / ❷조사하다, 점검하다 / ❸연구하다, 탐구하다
❶考试 kǎoshì 시험을 치다 / ❷考察 kǎochá 고찰하다 / ❸参考 cānkǎo 참고하다

742 仍 réng
4획 亻부

仍仍仍仍

인할 잉 ❶따르다 / ❷잦다, 빈번하다 / ❸여전히, 변함없이
❶仍旧 réngjiù 옛것을 따르다 / ❷频仍 pínréng 빈번하다 / ❸仍然 réngrán 여전히

743 恩 ēn
10획 心부

恩恩恩恩恩恩恩恩恩恩

은혜 은 은혜, 은덕
恩人 ēnrén 은인 / 恩惠 ēnhuì 은혜 / 恩爱 ēnài 애정이 깊다

744 烟 yān
10획 火부

烟烟烟烟烟烟烟烟烟

연기 연 ❶연기 / ❷아편 / ❸담배, 연초 / ❹그을음
❶煤烟 méiyān 매연 / ❷大烟 dàyān 아편 / ❸吸烟 xīyān 흡연하다 / ❹烟子 yānzi 그을음

133

745 构 (構) gòu — 8획 木부
构构构构构构构
얽을 구　❶짓다, 건설하다 / ❷작품 / ❸결성하다, 맺다 / ❹모함하다
❶构屋 gòuwū 집을 짓다 / ❷佳构 jiāgòu 가작 / ❸虚构 xūgòu 허구, 날조하다 / ❹构陷 gòuxiàn 모함하다

746 乡 (鄉) xiāng — 3획 乙부
乡乡乡
시골 향　시골, 농촌, 고향
故乡 gùxiāng 고향 / 乡村 xiāngcūn 향촌, 농촌 / 乡亲 xiāngqīn 고향 사람

747 酒 jiǔ — 10획 氵부
酒酒酒酒酒酒酒酒酒
술 주　술
啤酒 píjiǔ 맥주 / 酒店 jiǔdiàn 주점, 술집 / 敬酒 jìngjiǔ 술을 권하다

748 付 fù — 5획 亻부
付付付付付
줄 부　❶건네다, 넘겨주다 / ❷(돈을) 지불하다, 지출하다
❶应付 yìngfù 대응하다, 대처하다 / ❷支付 zhīfù 지불하다

749 画 (畫) huà — 8획 田부
画画画画画画画画
그림 화　❶그림 / ❷그림을 그리다 / ❸선을 긋다 (画:그을 획)
❶油画 yóuhuà 유화 / ❷绘画 huìhuà 그림을 그리다 / ❸画界 huàjiè 구획하다

750 座 zuò — 10획 广부
座座座座座座座座座
자리 좌　좌석, 자리 / 받침대 / 별자리
座位 zuòwèi 좌석, 자리 / 花盆座 huāpénzuò 화분 받침대 / 星座 xīngzuò 별자리

751

jūn

7획 口부

君君君君君君君

임금 군 ❶군주, 임금 / ❷타인에 대한 존칭 / ❸부친(남 앞에서 자기 부친을 이르는 호칭)
❶君王 jūnwáng 군왕 / ❷诸君 zhūjūn 제군, 여러분 / ❸家君 jiājūn 아버님

752

suì

12획 辶부

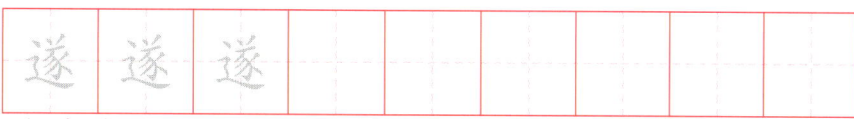

遂遂遂遂遂遂遂遂遂遂遂

이룰 수 ❶순조롭게 되다 / ❷성공하다, 이루다 / ❸마침내, 결국
❶遂心 suìxīn 뜻대로 되다 / ❷遂行 suìxíng 수행하다 / ❸遂即 suìjí 드디어, 결국

753

mài

(賣)

8획 十부

卖卖卖卖卖卖卖卖

팔 매 ❶팔다 / ❷힘을 다하다 / ❸과시하다, 자랑하다
❶贩卖 fànmài 판매하다 / ❷卖力气 màilìqi 전심전력하다 / ❸卖才 màicái 재능을 뽐내다

754

wèi

(衛)

3획 卩부

卫卫卫

지킬 위 지키다, 보위하다
保卫 bǎowèi 보위하다 / 卫生 wèishēng 위생적이다 / 卫星 wèixīng 위성

755

tiào

13획 足부

跳跳跳跳跳跳跳跳跳跳跳跳

뛸 도 ❶도약하다 / ❷두근거리다, 떨리다 / ❸건너뛰다, 지나가다
❶跳跃 tiàoyuè 도약하다 / ❷跳动 tiàodòng 두근거리다 / ❸跳级 tiàojí 월반하다

756

jué

(絶)

9획 纟부

绝绝绝绝绝绝绝绝绝

끊을 절 ❶끊다, 단절하다 / ❷다하다, 끝나다 / ❸막다르다 / ❹절대로, 결코
❶断绝 duànjué 단절하다 / ❷绝种 juézhǒng 멸종하다 / ❸绝地 juédì 궁지 / ❹绝对 juéduì 절대적인

135

757 朋 péng
8획 月부

朋朋朋朋朋朋朋朋

벗 붕　❶친구, 벗 / ❷붕당을 결성하다
❶朋友 péngyou 친구 / ❷朋党 péngdǎng 붕당, 파당

758 降 jiàng/xiáng
8획 阝부

降降降降降降降降

내릴 강　❶떨어지다, 내리다 / ❷굴복하다, 항복하다 (降 : 항복할 항)
❶下降 xiàjiàng 하강하다 / ❷降服 xiángfú 항복하다

759 李 lǐ
7획 木부

李李李李李李李

오얏 리　❶자두나무, 오얏나무 / ❷성씨
❶李花 lǐhuā 오얏꽃, 자두꽃 / ❷李先生 lǐxiānsheng 이선생, 이씨

760 占 zhàn/zhān
5획 卜부

占占占占占

차지할 점　❶점거하다, 차지하다 / ❷(어떤 상황에) 처하다 / ❸목표 (占 : 점칠 점)
❶占有 zhànyǒu 점유하다 / ❷占光 zhànguāng 덕을 보다 / ❸占卜 zhānbǔ 점치다

761 汽 qì
7획 氵부

汽汽汽汽汽汽汽

김 기　김, 기체, 수증기
蒸汽 zhēngqì 증기, 김 / 汽车 qìchē 자동차 / 汽水 qìshuǐ 탄산음료

762 药 yào (藥)
9획 艹부

药药药药药药药药药

약 약　❶약, 약물 / ❷화학 약품 / ❸독살하다
❶药品 yàopǐn 약품 / ❷火药 huǒyào 화약 / ❸药死 yàosǐ 독살하다

136

763 **货** huò (貨) 8획 貝부

货货货货货货货货

재화 화 ❶화폐, 돈 / ❷화물, 상품 / ❸팔다, 판매하다
❶货币 huòbì 화폐 / ❷货物 huòwù 화물 / ❸货卖 huòmài 판매하다

764 **救** jiù 11획 攵부

救救救救救救救救救救救

구원할 구 구조하다, 구제하다, 지원하다, 도와주다
挽救 wǎnjiù 구제하다 / 救出 jiùchū 구출하다 / 救火 jiùhuǒ 불을 끄다

765 **另** lìng 5획 口부

另另另另另

딴 령 다른 것, 다른 사람, 따로, 별도로
另约 lìngyuē 다른 약속 / 另居 lìngjū 별거하다 / 另外 lìngwài 별도의, 다른

766 **获** huò (獲) 10획 艹부

获获获获获获获获获获

얻을 획 ❶잡다, 붙잡다 / ❷얻다, 획득하다 / ❸수확하다
❶捕获 bǔhuò 포획하다 / ❷获得 huòdé 획득하다 / ❸收获 shōuhuò 수확하다

767 **微** wēi 13획 彳부

微微微微微微微微微微

작을 미 ❶적다, 작다 / ❷쇠퇴하다, 떨어지다 / ❸미약하다 / ❹비천하다
❶稍微 shāowēi 약간 / ❷衰微 shuāiwēi 쇠퇴하다 / ❸轻微 qīngwēi 경미하다 / ❹微员 wēiyuán 말단 관리

768 **伤** shāng (傷) 6획 亻부

伤伤伤伤伤伤

다칠 상 ❶상처, 손상 / ❷몹시 슬퍼하다 / ❸싫증나다
❶负伤 fùshāng 상처를 입다 / ❷伤心 shāngxīn 상심하다 / ❸吃伤 chīshāng 식상하다

137

769 奇 qí
8획 大부

기수 기 ❶희한하다, 기이하다 / ❷뜻밖이다, 느닷없다 / ❸이상하게 여기다
❶奇怪 qíguài 기괴하다 / ❷奇遇 qíyù 뜻밖의 만남 / ❸奇闻 qíwén 놀라운 소문

770 减 jiǎn (減)
11획 冫부

덜 감 ❶빼다, 덜다, 줄이다 / ❷낮아지다, 떨어지다, 쇠퇴하다
❶节减 jiéjiǎn 절감하다 / ❷减少 jiǎnshǎo 감소하다

771 策 cè
12획 竹부

꾀 책 ❶계책, 책략 / ❷계획하다, 꾸미다 / ❸채찍질하다
❶政策 zhèngcè 정책 / ❷策划 cèhuà 계획하다 / ❸鞭策 biāncè 채찍질하다

772 句 jù
5획 口부

귀절 구 ❶문장, 구절, 글 / ❷마디, 편(말의 도막을 세는 단위)
❶例句 lìjù 예문 / ❷一句 yījù 한 마디

773 赶 gǎn (趕)
10획 走부

달릴 간 ❶따라가다, 뒤쫓다 / ❷서두르다 / ❸(~로) 가다 / ❹몰아내다, 내쫓다
❶赶上 gǎnshàng 따라잡다 / ❷赶忙 gǎnmáng 서둘러 / ❸赶街 gǎnjiē 장에 가다 / ❹赶开 gǎnkāi 내쫓다

774 承 chéng
8획 手부

받들 승 ❶받다, 받들다 / ❷담당하다, 맡다 / ❸계속하다 / ❹승인하다
❶承托 chéngtuō 받치다 / ❷承担 chéngdān 맡다 / ❸继承 jìchéng 계승하다 / ❹承认 chéngrèn 승인하다

775 州 zhōu
6획 川부

州州州州州州

고을 주   주, 자치주
州县 zhōuxiàn 주와 현 / 知州 zhīzhōu 주지사 / 自治州 zìzhìzhōu 자치주

776 终 zhōng (終)
8획 纟부

终终终终终终终终

끝 종   ❶최후, 끝 / ❷죽다, 사망하다 / ❸결국, 마침내 / ❹처음부터 끝까지
❶终点 zhōngdiǎn 종점 / ❷终老 zhōnglǎo 늙어 죽다 / ❸终于 zhōngyú 결국 / ❹终身 zhōngshēn 평생

777 娘 niáng
10획 女부

娘娘娘娘娘娘娘娘娘娘

어미 낭   ❶어머니, 모친 / ❷자신보다 연로한 부녀자 / ❸젊은 여자, 처녀
❶我娘 wǒniáng 나의 어머니 / ❷大娘 dàniáng 아주머니 / ❸姑娘 gūniáng 아가씨, 처녀

778 案 àn
10획 木부

案案案案案案案案案案

책상 안   ❶탁자, 책상 / ❷사건 / ❸문서, 기록
❶案桌 ànzhuō 좁고 긴 탁자 / ❷案件 ànjiàn 사건 / ❸答案 dáàn 답안

779 诉 sù (訴)
7획 讠부

诉诉诉诉诉诉诉

아뢸 소   ❶알리다 / ❷하소연하다 / ❸헐뜯어 말하다 / ❹고소하다
❶告诉 gàosu 알리다 / ❷诉说 sùshuō 하소연하다 / ❸控诉 kòngsù 규탄하다 / ❹诉讼 sùsòng 소송하다

780 右 yòu
5획 口부

右右右右右

오른 우   ❶오른쪽 / ❷우수하다, 뛰어나다 / ❸보수적이다 / ❹숭상하다, 존중하다
❶右边 yòubiān 우측 / ❷右姓 yòuxìng 귀족 / ❸右派 yòupài 보수파 / ❹右文 yòuwén 문(文)을 숭상하다

781 依 yī
8획 亻부

依依依依依依依依

의지할 의 ❶의지하다, 기대다 / ❷동의하다, 순종하다 / ❸~따라, ~에 의해서
❶依存 yīcún 의존하다 / ❷依从 yīcóng 따르다 / ❸依据 yījù ~에 따르면

782 短 duǎn
12획 矢부

短短短短短短短短短短短短

짧을 단 ❶짧다 / ❷부족하다, 모자라다 / ❸결점, 단점
❶短期 duǎnqī 단기간 / ❷短绌 duǎnchù 모자라다 / ❸短处 duǎnchu 단점, 결점

783 察 chá
14획 宀부

察察察察察察察察察察察察察察

살필 찰 관찰하다, 주의 깊게 살펴보다
观察 guānchá 관찰하다 / 监察 jiānchá 감독하다 / 视察 shìchá 시찰하다

784 芬 fēn
7획 艹부

芬芬芬芬芬芬芬

향내날 분 향기, 향기롭다, 좋은 냄새
芬芳 fēnfāng 향기롭다 / 芬馥 fēnfù 향기가 짙다 / 芬华 fēnhuá 번영하여 화려하다

785 优 yōu (優)
6획 亻부

优优优优优优

뛰어날 우 ❶훌륭하다, 우수하다 / ❷충분하다, 넉넉하다 / ❸우대하다 / ❹배우, 연기자
❶优越 yōuyuè 우월하다 / ❷优裕 yōuyù 부유하다 / ❸优惠 yōuhuì 우대의 / ❹俳优 páiyōu 배우

786 杂 zá (雜)
6획 木부

杂杂杂杂杂杂

섞일 잡 잡다하다, 가지각색이다, 뒤섞이다
复杂 fùzá 복잡하다 / 杂志 zázhì 잡지 / 杂乱 záluàn 난잡하다

787 波 bō
8획 氵부

波波波波波波波波
물결 파 ❶물결, 파도 / ❷파, 파동 / ❸예기치 않은 변화
❶波浪 bōlàng 파랑, 물결 / ❷电波 diànbō 전파 / ❸风波 fēngbō 풍파

788 居 jū
8획 尸부

居居居居居居居居
살 거 ❶살다, 거주하다 / ❷거처, 주소 / ❸자처하다, 자임하다 / ❹축적하다, 쌓다
❶居住 jūzhù 거주하다 / ❷民居 mínjū 민가 / ❸居功 jūgōng 공로가 있다고 자처하다 / ❹居积 jūjī 축적하다

789 爷 yé (爺)
6획 父부

爷爷爷爷爷爷
아비 야 ❶부친 / ❷조부 / ❸아저씨, 선생님, 영감님 / ❹주인어른, 어르신네
❶爷娘 yéniáng 부모 / ❷爷爷 yéye 할아버지 / ❸李爷 lǐyé 이 선생님 / ❹老爷 lǎoyé 나리

790 限 xiàn
8획 阝부

限限限限限限限限
한정 한 ❶한도, 기한 / ❷한정하다, 제한하다 / ❸문턱, 문지방
❶界限 jièxiàn 한계, 경계 / ❷限制 xiànzhì 제한하다 / ❸门限 ménxiàn 문지방

791 呼 hū
8획 口부

呼呼呼呼呼呼呼呼
부를 호 ❶숨을 내쉬다 / ❷큰소리로 외치다 / ❸(사람을) 부르다
❶呼吸 hūxī 호흡하다 / ❷呼声 hūshēng 외침, 고함 / ❸招呼 zhāohu 부르다

792 停 tíng
11획 亻부

停停停停停停停停停
멈출 정 ❶멈추다, 중단하다 / ❷머무르다, 체류하다 / ❸적당하다, 알맞다
❶停水 tíngshuǐ 단수하다 / ❷停了半天 tínglebàntiān 반나절 머무르다 / ❸停当 tíngdang 적절하다

793 互 hù
4획 二부

互互互互

서로 호 서로, 상호

互相 hùxiāng 상호, 서로 / 互助 hùzhù 서로 돕다 / 互换 hùhuàn 교환하다

794 章 zhāng
11획 立부

章章章章章章章章章章章

글 장 ❶단락 / ❷규칙, 규정 / ❸문장 / ❹휘장, 표식

❶乐章 yuèzhāng 악장 / ❷规章 guīzhāng 규칙 / ❸文章 wénzhāng 문장 / ❹肩章 jiānzhāng 견장

795 纸 zhǐ (紙)
7획 纟부

纸纸纸纸纸纸纸

종이 지 ❶종이, 지류 / ❷장, 통(편지, 증서 등을 세는 단위)

❶纸张 zhǐzhāng 종이 / ❷两纸合同 liǎngzhǐhétong 계약서 2통

796 封 fēng
9획 寸부

封封封封封封封封封

봉할 봉 ❶봉하다, 임명하다 / ❷막다, 폐쇄하다 / ❸봉투

❶封王 fēngwáng 왕으로 봉하다 / ❷密封 mìfēng 밀봉하다 / ❸信封 xìnfēng 편지 봉투

797 央 yāng
5획 大부

央央央央央

가운데 앙 ❶간곡히 청하다 / ❷완결되다, 끝나다 / ❸중앙, 중심

❶央告 yānggao 간청하다 / ❷夜未央 yèwèiyāng 아직 날이 밝지 않았다 / ❸中央 zhōngyāng 중앙

798 脸 liǎn (臉)
11획 月부

脸脸脸脸脸脸脸脸脸脸脸

뺨 검 ❶얼굴 / ❷(물체의) 앞부분 / ❸체면 / ❹표정

❶脸子 liǎnzi 얼굴 / ❷鞋脸儿 xiéliǎnr 신발코 / ❸丢脸 diūliǎn 체면을 잃다 / ❹脸色 liǎnsè 안색

799 普 pǔ
12획 日부

普普普普普普普普普普

넓을 보 보편적인, 일반적인, 전반적인

普遍 pǔbiàn 보편적이다 / 普通 pǔtōng 보통이다 / 普及 pǔjí 보급되다

800 瓶 píng
10획 瓦부

瓶瓶瓶瓶瓶瓶瓶瓶瓶瓶

병 병 병, 병을 세는 단위

瓶子 píngzi 병 / 热水瓶 rèshuǐpíng 보온병 / 三瓶酒 sānpíngjiǔ 술 세 병

801 演 yǎn
14획 氵부

演演演演演演演演演演演演演演

흐를 연 ❶진화하다, 변천하다 / ❷서술하다 / ❸연습하다 / ❹공연하다, 연기하다

❶演化 yǎnhuà 진화하다 / ❷讲演 jiǎngyǎn 강연하다 / ❸演习 yǎnxí 연습하다 / ❹演出 yǎnchū 공연하다

802 室 shì
9획 宀부

室室室室室室室室室

집 실 방, 실, 집, 가정

教室 jiàoshì 교실 / 浴室 yùshì 욕실 / 王室 wángshì 왕실, 왕가

803 背 bēi/bèi
9획 月부

背背背背背背背背背

등 배 ❶짊어지다 / ❷(책임을) 지다 / ❸등 / ❹등지다, 떠나다, 어기다

❶背子 bēizi 등짐 / ❷背债 bēizhài 빚지다 / ❸背部 bèibù 등 / ❹违背 wéibèi 위배하다

804 饭 fàn (飯)
7획 饣부

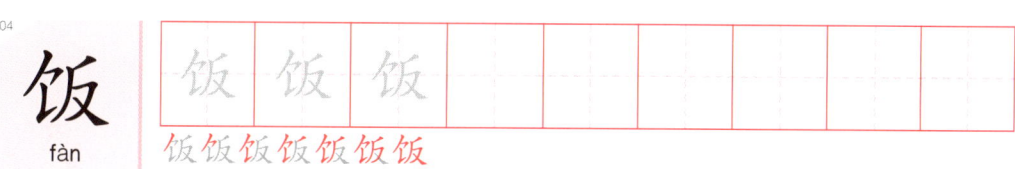

밥 반 밥, 식사

早饭 zǎofàn 아침밥 / 饭馆 fànguǎn 식당, 음식점 / 饭店 fàndiàn 호텔

805
借 jiè
10획 亻부

빌릴 차 ❶빌다, 빌리다 / ❷핑계 대다 / ❸의지하다, 기대다
❶借钱 jièqián 돈을 꾸다 / ❷借口 jièkǒu 핑계로 삼다 / ❸借助 jièzhù 도움을 받다

806
顶 dǐng (頂)
8획 页부

꼭대기 정 ❶꼭대기 / ❷떠받치다, 지지하다 / ❸들이받다 / ❹맞서다
❶顶点 dǐngdiǎn 정점 / ❷顶上 dǐngshang 떠받치다 / ❸顶人 dǐngrén 박치기하다 / ❹顶风 dǐngfēng 맞바람

807
肯 kěn
8획 月부

즐길 긍 ❶뼈에 붙어 있는 살 / ❷동의하다, 수긍하다 / ❸기꺼이 ~하다
❶中肯 zhòngkěn 정곡을 찌르다 / ❷肯定 kěndìng 긍정하다 / ❸肯做 kěnzuò 기꺼이 일을 하다

808
乱 luàn (亂)
7획 乙부

어지러울 란 ❶어지럽다, 혼란하다 / ❷전쟁, 난리 / ❸제멋대로, 마구
❶混乱 hùnluàn 혼란하다 / ❷叛乱 pànluàn 반란을 일으키다 / ❸乱动 luàndòng 마구 날뛰다

809
班 bān
10획 王부

나눌 반 ❶반, 조(조직) / ❷근무, 근무시간 / ❸정기적으로 운항하는
❶班长 bānzhǎng 반장 / ❷上班 shàngbān 출근하다 / ❸班机 bānjī 정기 항공기

810
诸 zhū (諸)
10획 讠부

모두 제 ❶그것 / ❷온갖, 모든, 여러
❶诸如 zhūrú 이를테면 ~같은 것들 / ❷诸位 zhūwèi 여러분

811 床 chuáng
7획 广부

床床床床床床床

평상 상 ❶침대, 침상 / ❷자리, 채(침구의 수를 셀 때) / ❸(물건을 놓는) 대
❶起床 qǐchuáng 기상하다 / ❷一床被子 yīchuángbèizi 이불 한 채 / ❸车床 chēchuáng 선반

812 乎 hū
5획 丿부

乎乎乎乎乎

어조사 호 ❶의문을 나타냄 / ❷추측의 어조를 나타냄
❶然乎? ránhū 그런가? / ❷其在斯乎 jīzàisīhū 여기에 있는게 아닌가?

813 善 shàn
12획 口부

善善善善善善善善善善善

착할 선 ❶착하다 / ❷양호하다, 좋다 / ❸우호적이다 / ❹능하다, 뛰어나다
❶善良 shànliáng 선량하다 / ❷改善 gǎishàn 개선하다 / ❸亲善 qīnshàn 우호적이다 / ❹善于 shànyú ~에 능숙하다

814 环 huán (環)
8획 王부

环环环环环环环环

고리 환 ❶고리, 링 / ❷둘러싸다, 에워싸다
❶耳环 ěrhuán 귀고리 / ❷循环 xúnhuán 순환하다

815 您 nín
11획 心부

您您您您您您您您您您您

당신 닌 당신, 선생, 귀하(你의 존칭)
您纳 nínna 당신, 귀하 / 您们 nínmen 당신들

816 困 kùn
7획 口부

困困困困困困困

궁할 곤 ❶곤란하다 / ❷포위하다 / ❸피로하다, 지치다 / ❹졸리다, 자다(번체: 睏)
❶困难 kùnnan 곤란하다 / ❷困住 kùnzhù 가두다 / ❸困乏 kùnfá 피곤하다 / ❹困觉 kùnjiào 잠자다

817 吸 xī
6획 口부

吸吸吸吸吸吸

마실 흡　❶들이마시다 / ❷흡수하다 / ❸끌어당기다, 유인하다
❶呼吸 hūxī 호흡하다 / ❷吸收 xīshōu 흡수하다 / ❸吸引 xīyǐn 끌어들이다

818 假 jiǎ/jià
11획 亻부

假假假假假假假假假假

거짓 가　❶거짓의, 가짜의 / ❷가정하다 / ❸만약, 만일 / ❹휴가, 휴일(假: 틈 가)
❶假话 jiǎhuà 거짓말 / ❷假定 jiǎdìng 가정하다 / ❸假如 jiǎrú 만약 / ❹寒假 hánjià 겨울방학

819 齐 qí (齊)
6획 齐부

齐齐齐齐齐齐

가지런할 제　❶가지런하다 / ❷한꺼번에, 동시에 / ❸일치하다 / ❹완전하다, 완비하다
❶整齐 zhěngqí 단정하다 / ❷齐奏 qízòu 합주하다 / ❸齐齿 qíchǐ 동갑 / ❹齐全 qíquán 완비하다

820 福 fú
13획 衤부

福福福福福福福福福福福

복 복　복, 행복
行福 xìngfú 행복 / 祝福 zhùfú 축복하다 / 福气 fúqi 복, 행운

821 慢 màn
14획 忄부

慢慢慢慢慢慢慢慢慢慢慢

게으를 만　❶느리다, 늦다 / ❷찬찬하다, 늦추다 / ❸냉담하다, 쌀쌀맞다
❶缓慢 huǎnmàn 완만하다 / ❷且慢! qiěmàn 잠시 기다려라! / ❸慢待 màndài 냉담하다

822 血 xuè
6획 血부

血血血血血血

피 혈　❶피, 혈액 / ❷혈연이 / ❸강렬하다, 뜨겁다
❶血液 xuèyè 혈액 / ❷血统 xuètǒng 혈통 / ❸血性 xuèxìng 혈기, 기개

823 激 jī
16획 氵부

激激激激激激激激激激激激

부딪칠 격 ❶솟구치다 / ❷감정을 자극하다 / ❸감정을 불러일으키다 / ❹격렬하다
❶激涨 jīzhǎng 급등하다 / ❷刺激 cìjī 자극하다 / ❸感激 gǎnjī 감격하다 / ❹激情 jīqíng 격정

824 毫 háo
11획 毛부

毫毫毫毫毫毫毫毫毫毫毫

터럭 호 ❶가늘고 긴 털 / ❷조금도, 전혀 / ❸밀리(mm)
❶毫楮 háochǔ 붓과 종이 / ❷丝毫 sīháo 추호, 조금 / ❸毫米 háomǐ 밀리미터

825 担 dān/dàn (擔)
8획 扌부

担担担担担担担

멜 담 ❶메다, 짊어지다 / ❷맡다, 담당하다 / ❸짐
❶担夫 dānfū 짐꾼 / ❷担负 dānfù 부담하다 / ❸担子 dànzi 짐

826 桥 qiáo (橋)
10획 木부

桥桥桥桥桥桥桥桥桥桥

다리 교   다리, 교량
桥梁 qiáoliáng 교량 / 立交桥 lìjiāoqiáo 입체교차로 / 桥脚 qiáojiǎo 교각

827 讨 tǎo (討)
5획 讠부

讨讨讨讨讨

칠 토 ❶토벌하다 / ❷재촉하다, 요청하다 / ❸초래하다 / ❹토론하다, 탐구하다
❶讨伐 tǎofá 토벌하다 / ❷讨乞 tǎoqǐ 구걸하다 / ❸讨嫌 tǎoxián 미움을 사다 / ❹讨论 tǎolùn 토론하다

828 凭 píng (憑)
8획 几부

凭凭凭凭凭凭凭凭

기댈 빙 ❶기대다 / ❷의지하다 / ❸증거, 증거물 / ❹~에 근거하여, ~에 따라
❶凭栏 pínglán 난간에 기대다 / ❷凭靠 píngkào 의지하다 / ❸凭据 píngjù 증거 / ❹凭心 píngxīn 양심에 따르다

829 印 yìn
5획 卩부

印印印印印

도장 인 ❶도장, 인장 / ❷흔적 / ❸인쇄하다, 찍다 / ❹부합하다, 일치하다
❶印章 yìnzhāng 인장 / ❷血印 xuèyìn 핏자국 / ❸印刷 yìnshuā 인쇄하다 / ❹印证 yìnzhèng 증명하다

830 钟 zhōng
(鐘)
9획 钅부

钟钟钟钟钟钟钟钟钟

종 종 ❶종 / ❷시계 / ❸시간, 시 / ❹(감정 등을) 모으다, 집중하다 (鍾 : 모을 종)
❶打钟 dǎzhōng 타종하다 / ❷挂钟 guàzhōng 괘종시계 / ❸钟头 zhōngtóu 시간 / ❹钟爱 zhōng'ài 총애하다

831 鲜 xiān/xiǎn
(鮮)
14획 鱼부

鲜鲜鲜鲜鲜鲜鲜鲜鲜鲜鲜

고울 선 ❶신선하다 / ❷(색채가) 선명하다 / ❸수산물 / ❹적다, 드물다 (鮮 : 적을 선)
❶新鲜 xīnxiān 신선하다 / ❷鲜红 xiānhóng 선홍색 / ❸海鲜 hǎixiān 해산물 / ❹鲜有 xiǎnyǒu 희소하다

832 掉 diào
11획 扌부

掉掉掉掉掉掉掉掉掉

흔들 도 ❶떨어지다 / ❷낙오하다 / ❸잃어버리다 / ❹바꾸다, 교환하다
❶掉落 diàoluò 떨어지다 / ❷掉队 diàoduì 낙오하다 / ❸掉事 diàoshì 실업하다 / ❹掉换 diàohuàn 바꾸다

833 零 líng
13획 雨부

零零零零零零零零零零零零

떨어질 령 ❶나머지, 우수리 / ❷영(온도) / ❸영(숫자) / ❹떨어지다
❶零钱 língqián 잔돈 / ❷零上 língshàng 영상 / ❸零点 língdiǎn 영시 / ❹零涕 língtì 눈물을 흘리다

834 壮 zhuàng
(壯)
6획 士부

壮壮壮壮壮壮

씩씩할 장 ❶건장하다, 튼튼하다 / ❷웅장하다 / ❸강화하다
❶健壮 jiànzhuàng 건장하다 / ❷壮志 zhuàngzhì 웅대한 포부 / ❸壮阳 zhuàngyáng 양기를 북돋우다

835 怪 guài
8획 忄부

怪怪怪怪怪怪怪怪

의심할 괴 ❶이상하다 / ❷매우, 아주 / ❸괴물, 요괴 / ❹탓하다, 원망하다
❶奇怪 qíguài 기괴하다 / ❷难怪 nánguài 어쩐지 / ❸妖怪 yāoguài 요괴 / ❹责怪 zéguài 책망하다

836 戏 xì (戲)
6획 戈부

戏戏戏戏戏戏

놀 희 ❶놀이, 유희 / ❷놀리다, 조롱하다 / ❸희극, 연극
❶游戏 yóuxì 유희, 오락 / ❷戏弄 xìnòng 희롱하다 / ❸戏剧 xìjù 연극

837 述 shù (逑)
8획 辶부

述述述述述述述述

말할 술 ❶진술하다, 말하다 / ❷따르다, 계승하다
❶论述 lùnshù 논술하다 / ❷绍述 shàoshù 계승 발전시키다

838 汉 hàn (漢)
5획 氵부

汉汉汉汉汉

나라 한 ❶남자, 사내 / ❷한족 / ❸은하
❶老汉 lǎohàn 노인, 노인장 / ❷汉语 hànyǔ 중국어 / ❸银汉 yínhàn 은하

839 尼 ní
5획 尸부

尼尼尼尼尼

여승 니 비구니, 여승
尼庵 ní'ān 비구니 절 / 尼姑 nígū 비구니, 여승 / 尼僧 nísēng 비구니, 여승

840 含 hán
7획 口부

含含含含含含含

머금을 함 ❶(입에) 머금다, 물다 / ❷포함하다, 담다 / ❸(생각 등을) 품다, 가지다
❶含贝 hánbèi 조개를 물다 / ❷包含 bāohán 포함하다 / ❸含愤 hánfèn 분을 품다

841 散 sàn
12획 攵부

散散散散散散散散散散散

흩을 산 ❶흩어지다, 분산하다 / ❷없애다, 배제하다 / ❸가루, 분말
❶分散 fēnsàn 분산되어 있다 / ❷散心 sànxīn 기분을 풀다 / ❸散药 sànyào 가루약

842 杀 shā (殺)
6획 木부

杀杀杀杀杀杀

죽일 살 ❶죽이다, 해치다 / ❷싸우다 / ❸~해 죽겠다 / ❹매듭짓다, 종결하다
❶暗杀 ànshā 암살하다 / ❷杀退 shātuì 격퇴하다 / ❸笑杀人 xiàoshārén 웃겨 죽겠다 / ❹杀账 shāzhàng 결산하다

843 恶 è/ě/wù (惡)
10획 心부

恶恶恶恶恶恶恶恶恶恶

악할 악 ❶악행, 악하다 / ❷구역질(恶 : 미워할 오) / ❸증오하다, 미워하다(恶 : 미워할 오)
❶罪恶 zuì'è 죄악 / ❷恶心 ěxīn 메스껍다, 역겹다 / ❸憎恶 zēngwù 증오하다

844 斤 jīn
4획 斤부

斤斤斤斤

도끼 근 ❶근(무게 단위) / ❷도끼
❶公斤 gōngjīn 킬로그램(kg) / ❷斧斤 fǔjīn 도끼

845 肉 ròu
6획 肉부

肉肉肉肉肉肉

고기 육 ❶고기, 살 / ❷매우 가깝고 사랑하는 사람
❶肉汤 ròutāng 고깃국 / ❷骨肉 gǔròu 골육, 육친

846 猛 měng
11획 犭부

猛猛猛猛猛猛猛猛猛

사나울 맹 ❶사납다, 맹렬하다 / ❷갑자기, 돌연히 / ❸힘을 집중시켜 내다
❶猛烈 měngliè 맹렬하다 / ❷猛然 měngrán 갑자기 / ❸猛劲儿 měngjìnr 힘을 단번에 쓰다

847
牛
niú
4획 牛부

牛牛牛牛
소 우　❶소 / ❷(소처럼) 완고하다, 거만하다
❶牛奶 niúnǎi 우유 / ❷牛气 niúqi 고집이 세다

848
模
mó/mú
14획 木부

模模模模模模模模模模模模模模
법 모　❶규범, 법도, 본보기, 표준 / ❷모방하다 / ❸형, 틀(模 : 거푸집 모)
❶模范 mófàn 모범 / ❷模仿 mófǎng 모방하다 / ❸模具 mújù 각종 모형

849
液
yè
11획 氵부

液液液液液液液液液液液
즙 액　액체, 액
血液 xuèyè 혈액 / 溶液 róngyè 용액 / 液体 yètǐ 액체

850
罪
zuì
13획 罒부

罪罪罪罪罪罪罪罪罪罪罪罪罪
허물 죄　❶죄 / ❷고통, 고난 / ❸(죄를) 뒤집어씌우다, 탓하다
❶犯罪 fànzuì 죄를 범하다 / ❷受罪 shòuzuì 고생하다 / ❸罪人 zuìrén 남에게 죄를 덮어씌우다

851
评
píng
(評)
7획 讠부

评评评评评评评
품평할 평　❶논평하다, 평론하다 / ❷판정하다, 심사하다
❶评论 pínglùn 평론하다 / ❷评选 píngxuǎn 심사하여 뽑다

852
检
jiǎn
(檢)
11획 木부

检检检检检检检检检检
조사할 검　❶검사하다, 점검하다 / ❷구속하다, 제약하다, 주의하다
❶检查 jiǎnchá 검사하다 / ❷检控 jiǎnkòng 조사하여 규제하다

853 范 fàn (範) 8획 艹부
范范范范范范范范
법 범　❶모형, 주형 / ❷범위, 제한 / ❸본보기, 모범, 규칙
❶钱范 qiánfàn 동전의 주형 / ❷范围 fànwéi 범위 / ❸模范 mófàn 모범

854 晴 qíng 12획 日부
晴晴晴晴晴晴晴晴晴晴
갤 청　날씨가 개다, 맑다, 개어 있다
晴天 qíngtiān 맑은 날 / 晴朗 qínglǎng 쾌청하다 / 晴碧 qíngbì 맑고 푸르다

855 伙 huǒ 6획 亻부
伙伙伙伙伙伙
세간 화　❶(단체로 먹는) 식사 / ❷동료, 친구 / ❸공동으로 하다
❶伙食 huǒshí 공동 식사 / ❷伙伴 huǒbàn 동료, 동업자 / ❸伙买 huǒmǎi 공동으로 구입하다

856 茶 chá 9획 艹부
茶茶茶茶茶茶茶茶茶
차 차(다)　차나무, 차, 일부 음료의 명칭
红茶 hóngchá 홍차 / 茶馆 cháguǎn 다방, 찻집 / 果茶 guǒchá 과일 차

857 香 xiāng 9획 香부
香香香香香香香香香
향기 향　❶향기롭다 / ❷향, 향료 / ❸맛이 좋다 / ❹환영을 받다
❶香味 xiāngwèi 향기 / ❷蚊香 wénxiāng 모기향 / ❸香甜 xiāngtián 맛있다 / ❹吃香 chīxiāng 환영을 받다

858 访 fǎng (訪) 6획 讠부
访访访访访访
찾을 방　❶방문하다 / ❷조사하다, 찾다, 탐문하다
❶访问 fǎngwèn 방문하다 / ❷采访 cǎifǎng 취재하다, 탐방하다

865
罗 luó (羅) 8획 罒부

罗罗罗罗罗罗罗罗

그물 라 ❶새 그물 / ❷배열하다, 진열하다 / ❸초청하다, 모으다 / ❹명주(罗 : 비단 라)
❶罗网 luówǎng 새 잡는 그물 / ❷罗列 luóliè 나열하다 / ❸搜罗 sōuluó 수집하다 / ❹罗衣 luóyī 비단옷

866
旁 páng 10획 方부

旁旁旁旁旁旁旁旁旁旁

곁 방 ❶곁, 옆, 주변 / ❷기타, 그 외, 그 밖 / ❸광범위하다
❶两旁 liǎngpáng 양쪽 / ❷旁人 pángrén 제 3자, 딴 사람 / ❸旁求 pángqiú 널리 구하다

867
替 tì 12획 日부

替替替替替替替替替替替替

바꿀 체 ❶대신하다, 대신해 주다 / ❷쇠퇴하다
❶交替 jiāotì 교체하다 / ❷衰替 shuāitì 쇠약해지다

868
脑 nǎo (腦) 10획 月부

脑脑脑脑脑脑脑脑脑脑

머릿골 뇌 ❶뇌, 뇌수 / ❷두뇌, 지능 / ❸우두머리, 두목
❶大脑 dànǎo 대뇌 / ❷脑力 nǎolì 사고력, 지성 / ❸首脑 shǒunǎo 수뇌, 영도자

869
输 shū (輸) 13획 车부

输输输输输输输输输输输输输

보낼 수 ❶운반하다, 나르다 / ❷기부하다, 헌납하다 / ❸패하다, 지다
❶运输 yùnshū 운송하다 / ❷输捐 shūjuān 기부금을 내다 / ❸输亏 shūkuī 패배하다

870
烈 liè 10획 灬부

烈烈烈烈烈烈烈烈烈烈

굳셀 렬 ❶공적, 업적 / ❷강렬하다 / ❸강직하다 / ❹정의를 위해 목숨을 바친 사람
❶烈功 liègōng 공적 / ❷猛烈 měngliè 맹렬하다 / ❸刚烈 gāngliè 곧고 불같다 / ❹烈士 lièshì 열사

871
练 liàn （練） 8획 纟부

练练练练练练练练

익힐 련　❶흰 명주 / ❷연습하다, 훈련하다 / ❸노련하다, 경험이 많다
❶匹练 pǐliàn 한 필의 흰 명주 / ❷练习 liànxí 연습하다 / ❸熟练 shúliàn 숙련되어 있다

872
境 jìng 14획 土부

境境境境境境境境境境境

지경 경　❶경계, 임계 / ❷형편, 사정 / ❸장소, 구역 / ❹경지, 경지에 이르다
❶国境 guójìng 국경 / ❷环境 huánjìng 환경 / ❸胜境 shèngjìng 명승지 / ❹境地 jìngdì 경지

873
努 nǔ 7획 力부

努努努努努努努

힘쓸 노　❶힘쓰다, 애쓰다 / ❷(무리하게 힘을 써서) 몸을 상하다 / ❸돌출하다
❶努力 nǔlì 노력 / ❷努伤 nǔshāng 무리하여 내상을 입다 / ❸努嘴儿 nǔzuǐr 화가 나서 입을 쭉 내밀다

874
镜 jìng （鏡） 16획 钅부

镜镜镜镜镜镜镜镜镜镜镜镜镜镜镜

거울 경　❶거울 / ❷렌즈 / ❸거울로 삼다, 귀감으로 삼다
❶镜子 jìngzi 거울 / ❷眼镜 yǎnjìng 안경 / ❸镜监 jìngjiān 거울로 삼다

875
升 shēng 4획 十부

升升升升

오를 승　❶오르다, 올라가다 / ❷(등급을) 올리다, 높이다 / ❸리터(liter)
❶上升 shàngshēng 상승하다 / ❷升格 shēnggé 승격하다 / ❸毫升 háoshēng 밀리리터(ml)

876
钢 gāng （鋼） 9획 钅부

钢钢钢钢钢钢钢钢钢

강철 강　강, 강철
钢骨 gānggǔ 철근 / 钢条 gāngtiáo 철근, 철봉 / 钢琴 gāngqín 피아노

877
哭 kū
10획 口부

哭哭哭哭哭哭哭哭哭

곡할 곡　울다, 눈물을 흘리다
哭泣 kūqì 흐느끼다 / 哭声 kūshēng 우는 소리 / 哭叫 kūjiào 울부짖다

878
突 tū
9획 穴부

突突突突突突突突突

부딪칠 돌　❶돌파하다, 충돌하다 / ❷갑자기, 돌연히 / ❸두드러지다, 불쑥 솟아 있다
❶冲突 chōngtū 충돌하다 / ❷突然 tūrán 돌연하다, 갑작스럽다 / ❸突出 tūchū 돌출하다

879
恐 kǒng
10획 心부

恐恐恐恐恐恐恐恐恐恐

두려워할 공　❶두려워하다, 무서워하다 / ❷놀라다, 위협하다 / ❸아마, 어쩌면
❶恐怖 kǒngbù 두려워하다 / ❷恐吓 kǒnghè 협박하다 / ❸恐怕 kǒngpà 아마, 대체로

880
贵 guì
(貴)
9획 贝부

贵贵贵贵贵贵贵贵贵

귀할 귀　❶비싸다 / ❷귀하다 / ❸지위가 높다 / ❹상대방과 관련된 것을 높여 부를 때
❶昂贵 ánggùi 비싸다 / ❷贵重 guìzhòng 귀중하다 / ❸贵族 guìzú 귀족 / ❹贵姓 guìxìng 성함

881
植 zhí
(植)
12획 木부

植植植植植植植植植植植植

심을 식　❶심다, 재배하다 / ❷수립하다, 세우다 / ❸식물
❶种植 zhòngzhí 심다, 재배하다 / ❷植党 zhídǎng 당을 만들다 / ❸植物 zhíwù 식물

882
粉 fěn
12획 米부

粉粉粉粉粉粉粉粉粉粉

가루 분　❶가루, 분말 / ❷전분(녹말)으로 만든 식품 / ❸흰 가루의, 흰 색의
❶粉末 fěnmò 분말 / ❷粉丝 fěnsī 전분으로 만든 당면 / ❸粉壁 fěnbì 흰 벽

883 酸 suān
14획 酉부

酸酸酸酸酸酸酸酸酸酸酸酸酸酸

초산 ❶산, 산성 / ❷시다, 시큼하다 / ❸시대에 뒤떨어지다 / ❹아프다, 슬프다
❶酸性 suānxìng 산성 / ❷酸味 suānwèi 신맛 / ❸酸腐 suānfǔ 진부하다 / ❹心酸 xīnsuān 비통하다

884 削 xuē/xiāo
9획 刂부

削削削削削削削削削

깎을 삭 ❶마르다, 여위다 / ❷깎다, 삭감하다 / ❸빼앗다 / ❹껍질을 벗기다
❶削瘦 xuēshòu 앙상하다 / ❷削减 xuējiǎn 삭감하다 / ❸剥削 bōxuē 착취하다 / ❹削皮 xiāopí 껍질을 벗기다

885 丝 sī (絲)
5획 纟부

丝丝丝丝丝

실 사 ❶생사, 견사 / ❷실처럼 가는 것 / ❸조금, 약간
❶丝带 sīdài 명주 끈 / ❷铁丝 tiěsī 철사, 철선 / ❸丝毫 sīháo 추호, 조금

886 误 wù (誤)
9획 讠부

误误误误误误误误误

그릇될 오 ❶실수, 잘못 / ❷미루다, 늦추다 / ❸방해하다, 해를 끼치다
❶错误 cuòwù 잘못되다 / ❷误点 wùdiǎn 시간을 어기다 / ❸误人 wùrén 실수로 남에게 해를 끼치다

887 野 yě
11획 里부

野野野野野野野野野野野

들 야 ❶야외, 들판 / ❷한계, 경계 / ❸재야, 민간 / ❹야생의, 야만의
❶野外 yěwài 야외 / ❷分野 fēnyě 분야 / ❸下野 xiàyě 관직에서 물러나다 / ❹野生 yěshēng 야생

888 礼 lǐ (禮)
5획 礻부

礼礼礼礼礼

예 례 ❶예식, 의식 / ❷선물, 예물 / ❸예로써 대하다
❶礼节 lǐjié 예절 / ❷礼物 lǐwù 선물, 사은품 / ❸礼聘 lǐpìn 예로써 초빙하다

889 巷 xiàng/hàng
9획 巳부

巷巷巷巷巷巷巷巷巷

거리 항 ❶골목, 샛길 / ❷갱도(巷 : 갱도 항)
❶巷尾 xiàngwěi 골목의 막다른 곳 / ❷巷道 hàngdào 광산의 갱도

890 冲 chōng (衝)
6획 冫부

冲冲冲冲冲冲

찌를 충 ❶요충, 요지 / ❷돌진하다, 돌파하다 / ❸충돌하다
❶要冲 yàochōng 요충지 / ❷冲破 chōngpò 돌파하다 / ❸冲突 chōngtū 충돌하다

891 测 cè (測)
9획 冫부

测测测测测测测测测

잴 측 ❶측량하다, 재다 / ❷추측하다, 예측하다
❶测量 cèliàng 측량하다 / ❷推测 tuīcè 추측하다

892 麦 mài (麥)
7획 麦부

麦麦麦麦麦麦麦

보리 맥 맥류, 맥곡(보리, 호밀, 귀리 등), 밀, 소맥
大麦 dàmài 보리 / 麦地 màidì 밀밭, 보리밭 / 小麦 xiǎomài 소맥, 밀

893 露 lù
21획 雨부

露露露露露露露露露露露露露露露露露露露

이슬 로 ❶이슬 / ❷시럽(syrup), 주스 / ❸한데에 있다 / ❹드러나다, 나타내다
❶露水 lùshui 이슬 / ❷果子露 guǒzilù 과일 시럽 / ❸露天 lùtiān 노천, 한데 / ❹暴露 bàolù 폭로하다

894 否 fǒu
7획 口부

否否否否否否否

아닐 부 ❶부정하다, 아니다(부정할 때) / ❷의문문의 끝에서 물음을 나타내는 조사로 쓰임
❶否定 fǒudìng 부정하다 / ❷应否? yīngfǒu 응당 해야하는가 아닌가?

895 登 dēng
12획 癶부
오를 등 ❶오르다, 올라가다 / ❷기재하다, 게재하다 / ❸영글다, 여물다
❶登场 dēngchǎng 등장하다 / ❷登记 dēngjì 등기하다 / ❸丰登 fēngdēng 풍년이 들다

896 危 wēi
6획 卩부
위태할 위 ❶위험하다, 위태롭다 / ❷가파르다, 높다 / ❸바르다, 단정하다
❶危险 wēixiǎn 위험하다 / ❷危亭 wēitíng 높은 정자 / ❸危然 wēirán 단정한 모양

897 搞 gǎo
13획 扌부
두드릴 고 ~하다, 처리하다, 종사하다, 관계를 맺다
搞事 gǎoshì 일을 하다 / 搞法 gǎofǎ 방법, 방식 / 搞好 gǎohǎo 잘 해내다

898 歌 gē
14획 欠부
노래 가 노래, 노래하다
唱歌 chànggē 노래하다 / 歌剧 gējù 가극, 오페라 / 歌手 gēshǒu 가수

899 亮 liàng
9획 亠부
밝을 량 ❶밝다, 빛나다 / ❷우렁차다, 크다 / ❸드러내다, 보이다
❶明亮 míngliàng 밝다 / ❷响亮 xiǎngliàng 우렁차다 / ❸亮出 liàngchu 드러내다

900 欧 ōu (歐)
8획 欠부
구라파 구 유럽(Europe), 구라파
欧式 ōushì 유럽식 / 欧元 ōuyuán 유로(화폐) / 欧罗巴 ōuluóbā 구라파, 유럽

901 痛 tòng
12획 疒부
아파할 통 ❶아프다 / ❷슬퍼하다 / ❸심하게, 몹시, 매우
❶痛苦 tòngkǔ 고통스럽다 / ❷悲痛 bēitòng 비통하다 / ❸痛快 tòngkuai 통쾌하다

902 唱 chàng
11획 口부
부를 창 ❶노래하다 / ❷고함치다 / ❸노래, 노래의 가사
❶歌唱 gēchàng 노래하다 / ❷唱名 chàngmíng 큰소리로 이름을 부르다 / ❸唱腔 chàngqiāng 노래 가락

903 玩 wán
8획 王부
희롱할 완 ❶놀다, 장난하다 / ❷얕보다, 깔보다 / ❸구경하다, 감상하다
❶玩具 wánjù 완구 / ❷玩忽 wánhū 경시하다 / ❸玩景 wánjǐng 경치를 감상하다

904 肥 féi
8획 月부
살질 비 ❶살지다, 기름지다 / ❷비료, 거름 / ❸이익, 장점 / ❹크다, 헐렁하다
❶肥沃 féiwò 비옥하다 / ❷肥料 féiliào 비료 / ❸分肥 fēnféi 이익을 나누다 / ❹肥阔 féikuò (옷이) 헐렁하다

905 超 chāo
12획 走부
뛰어넘을 초 ❶추월하다, 초과하다 / ❷(범위나 한계를) 벗어나다, 넘다
❶超过 chāoguò 따라잡다 / ❷超自然 chāozìrán 초자연

906 菜 cài
11획 艹부
나물 채 ❶채소 / ❷반찬, 부식물 / ❸요리, 음식
❶蔬菜 shūcài 채소 / ❷菜金 càijīn 부식비, 반찬 값 / ❸菜饭 càifàn 요리와 밥

907 功 gōng
5획 力부
功功功功功
공 공 ❶공로, 공적 / ❷성과, 효과 / ❸기술, 솜씨 / ❹일
❶功劳 gōngláo 공로 / ❷功效 gōngxiào 효능, 효과 / ❸气功 qìgōng 기공 / ❹功课 gōngkè 수업, 공부

908 鼓 gǔ
13획 鼓부
鼓鼓鼓鼓鼓鼓鼓鼓鼓鼓鼓鼓鼓
북 고 ❶북 / ❷(모양, 작용, 소리 등이) 북과 유사한 것 / ❸소리나게 하다 / ❹북돋우다
❶大鼓 dàgǔ 큰 북 / ❷鼓膜 gǔmó 고막 / ❸鼓掌 gǔzhǎng 손뼉 치다 / ❹鼓舞 gǔwǔ 북돋우다

909 退 tuì
9획 辶부
退退退退退退退退退
물러날 퇴 ❶뒤로 물러나다 / ❷탈퇴하다 / ❸줄어들다, 감소하다 / ❹반환하다
❶后退 hòutuì 후퇴하다 / ❷退出 tuìchū 퇴장하다 / ❸退色 tuìshǎi 퇴색하다 / ❹退货 tuìhuò 반품하다

910 奶 nǎi
5획 女부
奶奶奶奶奶
젖 내 ❶젖가슴, 유방 / ❷젖, 유즙 / ❸젖을 먹이다
❶奶罩 nǎizhào 브래지어 / ❷牛奶 niúnǎi 우유 / ❸奶孩子 nǎiháizi 아기에게 젖을 먹이다

911 谢 xiè
(謝)
12획 讠부
谢谢谢谢谢谢谢谢谢谢谢
사례할 사 ❶감사하다 / ❷사죄하다 / ❸거절하다 / ❹시들다, 떨어지다
❶感谢 gǎnxiè 감사하다 / ❷谢罪 xièzuì 사죄하다 / ❸谢辞 xiècí 사양하다 / ❹谢落 xièluò 시들어 떨어지다

912 哈 hā
9획 口부
哈哈哈哈哈哈哈哈哈
마실 합 하(호)하고 입김을 불다
哈气 hāqì 입김 / 哈欠 hāqian 하품 / 哈式 hāshì 한숨

913 暗 àn 13획 日부
暗暗暗暗暗暗暗暗暗暗暗暗暗
어두울 암 ❶어둡다, 캄캄하다 / ❷숨기다, 몰래 / ❸사리에 밝지 못하다
❶暗室 ànshì 암실 / ❷暗杀 ànshā 암살하다 / ❸愚暗 yú'àn 우매하다

914 缺 quē 10획 缶부
缺缺缺缺缺缺缺缺缺缺
이지러질 결 ❶부족하다, 모자라다 / ❷불완전하다, 파손되다 / ❸참석하지 않다
❶缺少 quēshǎo 부족하다 / ❷缺陷 quēxiàn 결함, 결점 / ❸缺勤 quēqín 결근하다

915 户 hù 4획 戶부
户户户户
지게 호 ❶문 / ❷가구, 주택 / ❸가문, 가계 / ❹계좌, 구좌
❶门户 ménhù 문, 출입구 / ❷户籍 hùjí 호적 / ❸小户 xiǎohù 식구가 적은 집 / ❹户头 hùtóu 계좌

916 迎 yíng 7획 辶부
迎迎迎迎迎迎迎
맞이할 영 ❶영접하다, 맞이하다 / ❷향하다, 마주하다
❶欢迎 huānyíng 환영하다 / ❷迎面 yíngmiàn 정면으로

917 堂 táng 11획 土부
堂堂堂堂堂堂堂堂堂堂堂
집 당 ❶집, 방, 전각 / ❷조, 벌 세트 / ❸당당하다, 의젓하다
❶食堂 shítáng 식당 / ❷一堂 yītáng 한 벌, 한 세트 / ❸堂堂 tángtáng 당당하다, 떳떳하다

918 训 xùn (訓) 5획 讠부
训训训训训
가르칠 훈 ❶가르치다, 꾸짖다 / ❷훈련하다 / ❸준칙, 표준, 모범 / ❹해석하다
❶教训 jiàoxùn 훈계하다 / ❷训练 xùnliàn 훈련하다 / ❸训条 xùntiáo 준칙 / ❹训释 xùnshì 해석하다

919 陈 chén (陣) 6획 阝부

陈陈陈陈陈陈陈

진 진 ❶진(군대의 대오) / ❷진지, 캠프 / ❸짧은 시간, 한때 / ❹번, 차례
❶陈容 chénróng 진용 / ❷陈营 chényíng 진영 / ❸陈陈 chénchén 이따금 / ❹一陈 yīchén 한 번, 한바탕

920 敬 jìng 12획 攵부

敬敬敬敬敬敬敬敬敬敬敬

공경할 경 ❶공경하다, 존경하다 / ❷삼가(정중히) / ❸공손히 드리다
❶尊敬 zūnjìng 존경하다 / ❷敬告 jìnggào 삼가 아뢰다 / ❸敬酒 jìngjiǔ 술을 권하다

921 馆 guǎn (館) 11획 饣부

馆馆馆馆馆馆馆馆馆馆馆

객사 관 집, 건물, 장소
饭馆 fànguǎn 식당, 음식점 / 旅馆 lǚguǎn 여관 / 博物馆 bówùguǎn 박물관

922 险 xiǎn (險) 9획 阝부

险险险险险险险险险

험할 험 ❶험하다, 험준하다 / ❷요새 / ❸위험하다 / ❹교활하다, 음흉하다
❶险峻 xiǎnjùn 험준하다 / ❷天险 tiānxiǎn 천연 요새 / ❸危险 wēixiǎn 위험하다 / ❹阴险 yīnxiǎn 음흉하다

923 妹 mèi 8획 女부

妹妹妹妹妹妹妹妹

누이 매 여동생, 누이동생, 친척 여동생
妹妹 mèimei 누이동생 / 兄妹 xiōngmèi 오누이 / 妹夫 mèifu 매부

924 移 yí 11획 禾부

移移移移移移移移移移移

옮길 이 ❶이동하다, 옮기다 / ❷고치다, 변동하다
❶移动 yídòng 이동하다 / ❷移名 yímíng 이름을 고치다

925
弹 dàn/tán (彈) 11획 弓부

弹弹弹弹弹弹弹弹弹弹

탄알 탄 ❶알(작은 덩어리), 탄환 / ❷발사하다, 튕기다 / ❸탄력이 있다 / ❹비난하다
❶弹丸 dànwán 탄환 / ❷弹墨 tánmò 먹줄을 치다 / ❸弹力 tánlì 탄력, 탄성 / ❹弹纠 tánjiū 규탄하다

926
景 jǐng 12획 日부

景景景景景景景景景景景景

경치 경 ❶경치, 풍경 / ❷정황, 상황 / ❸존경하다
❶风景 fēngjǐng 풍경 / ❷背景 bèijǐng 배경, 배후 / ❸景仰 jǐngyǎng 앙모하다

927
顾 gù (顧) 10획 页부

顾顾顾顾顾顾顾顾顾

돌아볼 고 ❶뒤돌아보다, 돌이켜보다 / ❷주의하다, 돌보다 / ❸손님
❶回顾 huígù 회고하다 / ❷照顾 zhàogù 주의하다, 돌보다 / ❸顾客 gùkè 고객

928
课 kè (課) 10획 讠부

课课课课课课课课课课

시험할 과 ❶수업, 강의 / ❷과목 / ❸세금
❶上课 shàngkè 수업하다 / ❷课目 kèmù 과목, 교과목 / ❸课收 kèshōu 세금을 징수하다

929
惊 jīng (驚) 11획 忄부

惊惊惊惊惊惊惊惊惊惊

놀랄 경 놀라다, 놀라게하다, 놀라 날뛰다
吃惊 chījīng 놀라다 / 惊慌 jīnghuāng 놀라 당황하다 / 惊耗 jīnghào 놀라운 소식

930
播 bō 15획 扌부

播播播播播播播播播播播

뿌릴 파 ❶퍼뜨리다, 전파하다 / ❷씨를 뿌리다, 파종하다 / ❸유랑하다, 옮기다
❶广播 guǎngbō 방송하다 / ❷播种 bōzhǒng 파종하다 / ❸播迁 bōqiān 방랑하다

931 挥 huī (揮)
9획 扌부

挥挥挥挥挥挥挥挥挥

휘두를 휘 ❶휘두르다, 흔들다 / ❷(눈물, 땀 등을) 닦다, 훔치다 / ❸지휘하다 / ❹퍼져 나오다
❶挥刀 huīdāo 칼을 휘두르다 / ❷挥汗 huīhàn 땀을 닦다 / ❸指挥 zhǐhuī 지휘하다 / ❹发挥 fāhuī 발휘하다

932 熟 shú
15획 灬부

熟熟熟熟熟熟熟熟熟熟熟熟熟熟

익을 숙 ❶익다, 여물다 / ❷가공한, 정제한 / ❸익숙하다, 잘 알다 / ❹숙련되다
❶成熟 chéngshú 익다 / ❷熟药 shúyào 조제약 / ❸熟识 shúshi 숙지하다 / ❹熟练 shúliàn 숙련되다

933 票 piào
11획 示부

票票票票票票票票票票

쪽지 표 ❶표, 증서 / ❷지폐 / ❸납치된 인질
❶投票 tóupiào 투표하다 / ❷钞票 chāopiào 지폐, 돈 / ❸肉票 ròupiào 인질

934 夺 duó (奪)
6획 大부

夺夺夺夺夺夺

빼앗을 탈 ❶빼앗다, 약탈하다 / ❷차지하다, 쟁취하다 / ❸잃게 하다 / ❹결정하다
❶夺取 duóqǔ 탈취하다 / ❷争夺 zhēngduó 쟁탈하다 / ❸剥夺 bōduó 박탈하다 / ❹定夺 dìngduó 결정하다

935 培 péi
11획 土부

培培培培培培培培培

북돋울 배 ❶뿌리 부분을 흙으로 덮다 / ❷배양하다, 양성하다
❶培堤 péidī 둑에 흙을 쌓아 올리다 / ❷培养 péiyǎng 배양하다

936 棉 mián
12획 木부

棉棉棉棉棉棉棉棉棉棉

목화 면 목화, 목면, 면화
棉花 miánhuā 목화 / 棉布 miánbù 면포, 면직물 / 棉衣 miányī 솜옷, 무명옷

937 夏 xià
10획 夂부

여름 하 여름
夏天 xiàtiān 여름 / 夏季 xiàjì 여름철, 하기 / 初夏 chūxià 초여름

938 灭 miè (滅)
5획 火부

다할 멸 ❶불을 끄다 / ❷소멸하다, 없어지다 / ❸물에 잠기다
❶熄灭 xīmiè 진화되다 / ❷消灭 xiāomiè 소멸하다 / ❸灭顶 mièdǐng 물이 머리까지 잠기다

939 抓 zhuā
7획 扌부

긁을 조 ❶(손으로) 잡다, 쥐다 / ❷할퀴다, 긁다 / ❸체포하다
❶抓紧 zhuājǐn 움켜잡다 / ❷抓挠 zhuānao 긁다 / ❸抓捕 zhuābǔ 체포하다

940 味 wèi
8획 口부

맛 미 ❶맛 / ❷냄새 / ❸재미, 흥취, 느낌 / ❹음미하다, 맛보다
❶味道 wèidao 맛 / ❷气味 qìwèi 냄새 / ❸趣味 qùwèi 흥미, 재미 / ❹体味 tǐwèi 직접 음미하다

941 松 sōng (鬆)
8획 木부

더벅머리 송 ❶느슨하다, 헐겁다 / ❷여유가 있다 / ❸소나무(松 : 소나무 송)
❶放松 fàngsōng 늦추다 / ❷松快 sōngkuai 여유가 생기다 / ❸松林 sōnglín 소나무 숲

942 掌 zhǎng
12획 手부

손바닥 장 ❶손바닥 / ❷주관하다, 장악하다 / ❸동물의 발바닥
❶掌声 zhǎngshēng 박수 소리 / ❷掌握 zhǎngwò 장악하다, 숙달하다 / ❸鸭掌 yāzhǎng 오리발

943

架 jià
9획 木부

架 架 架 架 架 架 架 架 架

시렁 가　❶뼈대, 선반, 골조 / ❷받치다, 조립하다 / ❸막다, 버티다 / ❹싸움, 다툼
❶书架 shūjià 책꽂이 / ❷架桥 jiàqiáo 다리를 놓다 / ❸架得住 jiàdezhù 지탱하다 / ❹打架 dǎjià 싸우다

944

静 jìng
(靜)
14획 青부

静 静 静 静 静 静 静 静 静 静 静 静 静 静

조용할 정　❶움직이지 않다 / ❷조용하다, 차분히 하다
❶静止 jìngzhǐ 정지하다 / ❷安静 ānjìng 고요하다, 조용하다

945

曲 qū/qǔ
6획 日부

曲 曲 曲 曲 曲 曲

굽을 곡　❶구부러지다 / ❷공정하지 않다 / ❸노래, 가락, 악보(曲 : 가락 곡)
❶曲折 qūzhé 구불구불하다 / ❷曲心 qūxīn 마음이 비뚤다 / ❸歌曲 gēqǔ 가곡, 노래

946

粮 liáng
(糧)
13획 米부

粮 粮 粮 粮 粮 粮 粮 粮 粮 粮 粮

곡식 량　❶양식, 곡물 / ❷급여, 급료 / ❸(곡물로 내는) 농업세
❶粮食 liángshi 양식, 식량 / ❷粮饷 liángxiǎng 군량과 급료 / ❸交粮 jiāoliáng 농업세를 납부하다

947

束 shù
7획 木부

束 束 束 束 束 束 束

묶을 속　❶묶다, 매다 / ❷묶음, 다발, 단 / ❸속박하다, 제한하다
❶束带 shùdài 띠를 매다 / ❷一束 yīshù 한 다발 / ❸束缚 shùfù 속박하다

948

赞 zàn
(贊)
16획 贝부

赞 赞 赞 赞 赞 赞 赞 赞 赞 赞 赞 赞 赞

도울 찬　❶돕다, 협력하다 / ❷칭찬하다, 찬양하다
❶赞助 zànzhù 찬조하다 / ❷称赞 chēngzàn 칭찬하다

949 犯 fàn
5획 犭부

犯犯犯犯犯

범할 범 ❶위반하다, 어기다 / ❷침범하다 / ❸범인, 범죄자 / ❹저지르다, 범하다
❶违犯 wéifàn 위반하다 / ❷侵犯 qīnfàn 침범하다 / ❸犯人 fànrén 범인 / ❹犯罪 fànzuì 죄를 범하다

950 忽 hū
8획 心부

忽忽忽忽忽忽忽忽

소홀히 할 홀 ❶소홀히 하다, 부주의하다 / ❷홀연히, 문득, 갑자기
❶忽视 hūshì 소홀히 하다, 경시하다 / ❷忽然 hūrán 갑자기

951 编 biān (編)
12획 纟부

编编编编编编编编编编编

맬 편 ❶엮다, 짜다 / ❷편집하다, 배열하다 / ❸창작하다 / ❹권, 편
❶编制 biānzhì 엮다 / ❷编辑 biānjí 편집하다 / ❸编戏 biānxì 각본을 쓰다 / ❹续编 xùbiān 속편

952 异 yì (異)
6획 卄부

异异异异异异

다를 이 ❶다르다, 틀리다 / ❷이상하다 / ❸특별하다, 뛰어나다 / ❹헤어지다
❶异国 yìguó 이국, 타국 / ❷异常 yìcháng 이상하다 / ❸异才 yìcái 뛰어난 재능 / ❹离异 líyì 이혼하다

953 翻 fān
18획 羽부

翻翻翻翻翻翻翻翻翻翻翻翻翻翻

날 번 ❶뒤집다, 전복하다 / ❷뒤지다, 헤집다, 펴다 / ❸번복하다 / ❹번역하다
❶推翻 tuīfān 뒤집다 / ❷翻书 fānshū 책을 펴다 / ❸翻悔 fānhuǐ 마음이 변하다 / ❹翻译 fānyì 번역하다

954 促 cù
9획 亻부

促促促促促促促促促

절박할 촉 ❶촉박하다 / ❷재촉하다, 다그치다 / ❸접근하다, 가까이하다
❶短促 duǎncù 촉박하다 / ❷督促 dūcù 독촉하다 / ❸促席 cùxí 가까이 앉다

955 套 tào
10획 大부

套套套套套套套套套套

씌울 투 ❶덮개, 커버 / ❷포개다, 겹치다 / ❸계책, 함정
❶手套 shǒutào 장갑 / ❷套色 tàoshǎi 착색하다 / ❸圈套 quāntào 계략

956 脱 tuō
11획 月부

脱脱脱脱脱脱脱脱脱脱脱

벗을 탈 ❶빠지다, 벗어지다 / ❷제거하다 / ❸이탈하다, 벗어나다 / ❹누락하다
❶脱毛 tuōmáo 탈모 / ❷脱帽 tuōmào 모자를 벗다 / ❸脱离 tuōlí 이탈하다 / ❹脱漏 tuōlòu 탈루하다

957 鼠 shǔ
13획 鼠부

鼠鼠鼠鼠鼠鼠鼠鼠鼠鼠鼠鼠鼠

쥐 서   쥐
老鼠 lǎoshǔ 쥐 / 鼠窟 shǔkū 쥐구멍 / 鼠标 shǔbiāo (컴퓨터의) 마우스

958 祖 zǔ
9획 礻부

祖祖祖祖祖祖祖祖祖

할아비 조 ❶할아버지 / ❷조상, 선조 / ❸창시자, 기원
❶祖父 zǔfù 조부, 할아버지 / ❷祖先 zǔxiān 선조 / ❸鼻祖 bízǔ 시조

959 尚 shàng
8획 小부

尚尚尚尚尚尚尚尚

숭상할 상 ❶숭상하다, 존중하다 / ❷풍조, 습관 / ❸아직, 또한
❶崇尚 chóngshàng 숭상하다 / ❷风尚 fēngshàng 기풍, 습관 / ❸尚然 shàngrán 아직, 여전히

960 尤 yóu
4획 尢부

尤尤尤尤

더욱 우 ❶특이하다, 우수하다 / ❷더욱이, 특히 / ❸과실, 허물, 죄
❶尤异 yóuyì 특출하다 / ❷尤其 yóuqí 특히, 더욱 / ❸效尤 xiàoyóu 나쁜일을 따라하다

961 嘴 zuǐ
16획 口부

嘴嘴嘴嘴嘴嘴嘴嘴嘴嘴嘴嘴

부리 취 ❶입, 부리, 주둥이 / ❷입과 유사한 것 / ❸말, 말솜씨, 입버릇
❶闭嘴 bìzuǐ 입을 다물다 / ❷瓶嘴 píngzuǐ 병의 주둥이 / ❸嘴巧 zuǐqiǎo 말솜씨가 좋다

962 础 chǔ (礎)
10획 石부

础础础础础础础础础

주춧돌 초 초석, 주춧돌, 머릿돌, 사물의 기초 또는 토대
础石 chǔshí 초석, 주춧돌 / 基础 jīchǔ 기초, 토대

963 伟 wěi (偉)
6획 亻부

伟伟伟伟伟伟

클 위 ❶뛰어나다, 훌륭하다 / ❷위대하다, 웅장하다, 크다
❶伟人 wěirén 위인 / ❷伟大 wěidà 위대하다

964 骨 gǔ
9획 骨부

骨骨骨骨骨骨骨骨骨

뼈 골 ❶뼈 / ❷뼈대, 골격 / ❸기개, 품성
❶人骨 réngǔ 사람의 뼈 / ❷骨架 gǔjià 뼈대, 체격 / ❸骨气 gǔqì 기개

965 潮 cháo
15획 氵부

潮潮潮潮潮潮潮潮潮潮潮潮

조수 조 ❶조수, 조류 / ❷추세, 시류 / ❸축축하다, 눅눅하다
❶退潮 tuìcháo 썰물 / ❷潮流 cháoliú 시대의 추세, 조류 / ❸潮湿 cháoshī 습기가 많다

966 载 zài/zǎi (載)
10획 车부

载载载载载载载载载

실을 재 ❶적재하다, 싣다 / ❷(길에) 가득 차다 / ❸기재하다, 게재하다
❶载满 zàimǎn 가득 싣다 / ❷载道 zàidào 거리에 넘치다 / ❸记载 jìzǎi 기재하다, 기록하다

967

威
wēi

9획 女부

威威威威威威威威威

위엄 위 ❶위엄, 존엄 / ❷위협하다, 협박하다
❶权威 quánwēi 권위 / ❷威吓 wēihè 위협하다, 으르다

968

劲
jìn/jìng
(勁)

8획 力부

劲劲劲劲劲劲劲

굳셀 경 ❶힘, 기운 / ❷사기, 활력, 의욕 / ❸표정, 태도 / ❹힘세다, 강하다
❶使劲 shǐjìn 힘을 쓰다 / ❷心劲 xīnjìn 의욕 / ❸困劲 kùnjìn 졸음 / ❹强劲 qiángjìng 강하다

969

闹
nào
(鬧)

8획 门부

闹闹闹闹闹闹闹闹

시끄러울 료 ❶떠들썩하다 / ❷(감정을) 털어놓다, 드러내다 / ❸(나쁜일이) 생기다
❶热闹 rènao 떠들썩하다 / ❷闹脾气 nàopíqi 화를 내다 / ❸闹事 nàoshì 사건을 일으키다

970

园
yuán
(園)

7획 口부

园园园园园园园

동산 원 ❶밭 / ❷(관광, 오락 등을 위한) 공공 장소 / ❸묘원, 묘역
❶花园 huāyuán 꽃밭 / ❷公园 gōngyuán 공원 / ❸园陵 yuánlíng 왕릉

971

磨
mó/mò

16획 石부

磨磨磨磨磨磨磨磨磨磨磨磨

갈 마 ❶마찰하다 / ❷귀찮게 굴다, 괴롭히다 / ❸소멸하다 / ❹맷돌(磨 : 맷돌 마)
❶磨蹭 móceng 마찰하다 / ❷磨害 móhài 귀찮게 하다 / ❸磨灭 mómiè 마멸되다 / ❹磨齿 mòchǐ 맷돌

972

玉
yù

5획 玉부

玉玉玉玉玉

옥 옥 ❶옥 / ❷아름답다, 깨끗하다 / ❸상대의 신체나 행동에 대해 쓰는 경어
❶玉石 yùshí 옥 / ❷玉肌 yùjī 옥처럼 희고 고운 살결 / ❸玉貌 yùmào 옥모(남의 용모의 경칭)

973
鸡 jī (鷄) 7획 鸟부

鸡鸡鸡鸡鸡鸡鸡

닭 계 닭
公鸡 gōngjī 수탉 / 母鸡 mǔjī 암탉 / 鸡蛋 jīdàn 계란, 달걀

974
侵 qīn 9획 亻부

侵侵侵侵侵侵侵侵侵

침노할 침 ❶침입하다, 침범하다 / ❷차츰 가까워지다
❶侵略 qīnlüè 침략하다 / ❷侵晨 qīnchén 동틀 무렵, 새벽

975
竟 jìng 11획 立부

竟竟竟竟竟竟竟竟竟竟竟

끝날 경 ❶완수하다, 종료하다 / ❷전체의, 모든 / ❸결국, 마침내 / ❹뜻밖에, 의외로
❶究竟 jiūjìng 결말, 일의 귀착 / ❷竟日 jìngrì 온종일 / ❸毕竟 bìjìng 끝끝내 / ❹竟然 jìngrán 의외로

976
概 gài 13획 木부

概概概概概概概概概概概概

대개 개 ❶대체적, 대략적 / ❷일체, 모두 / ❸절조, 기풍 / ❹풍치, 경치
❶大概 dàgài 대개, 개략 / ❷一概 yīgài 전부 / ❸气概 qìgài 기개 / ❹胜概 shènggài 좋은 경치

977
抵 dǐ 8획 扌부

抵抵抵抵抵抵抵

막을 저 ❶저항하다, 버티다 / ❷변상하다 / ❸저당을 잡다
❶抵抗 dǐkàng 저항하다 / ❷抵偿 dǐcháng 배상하다 / ❸抵当 dǐdàng 저당 잡히다

978
季 jì 8획 子부

季季季季季季季季

철 계 ❶3개월 / ❷계절, 철, 시기 / ❸맨 끝, 마지막
❶季度 jìdù 분기, 사분기 / ❷季节 jìjié 계절 / ❸季秋 jìqiū 늦가을

979 执 zhí (執) 6획 扌부

执执执执执执

잡을 집 ❶잡다, 쥐다 / ❷우기다, 고집하다 / ❸집행하다 / ❹증서, 증명서
❶执政 zhízhèng 집권하다 / ❷固执 gùzhí 고집스럽다 / ❸执行 zhíxíng 집행하다 / ❹执照 zhízhào 허가증

980 冬 dōng 5획 夂부

冬冬冬冬冬

겨울 동 겨울
冬天 dōngtiān 겨울, 겨울철 / 越冬 yuèdōng 월동하다 / 冬假 dōngjià 겨울 방학

981 核 hé 10획 木부

核核核核核核核核核核

씨 핵 ❶씨 / ❷원자핵 / ❸사물의 핵, 핵심 / ❹대조하여 살피다
❶杏核儿 xìnghér 살구씨 / ❷核弹 hédàn 핵폭탄 / ❸核心 héxīn 핵심, 중심 / ❹考核 kǎohé 심사하다

982 补 bǔ (補) 7획 衤부

补补补补补补补

기울 보 ❶보수하다, 깁다 / ❷보충하다, 메우다 / ❸이익, 도움, 쓸모
❶修补 xiūbǔ 보수하다 / ❷补充 bǔchōng 보충하다 / ❸补益 bǔyì 이익

983 孙 sūn (孫) 6획 子부

孙孙孙孙孙孙

손자 손 ❶손자 / ❷후손 / ❸(한번 자른 뿌리나 그루터기에서 나오는) 움, 움돋이
❶孙子 sūnzi 손자 / ❷子孙 zǐsūn 자손, 후손 / ❸孙竹 sūnzhú 대나무 뿌리끝의 댓가지

984 遇 yù 12획 辶부

遇遇遇遇遇遇遇遇遇遇

만날 우 ❶만나다, 상봉하다 / ❷대접하다, 대우하다 / ❸기회, 시기
❶遇见 yùjiàn 만나다, 조우하다 / ❷待遇 dàiyù 대우하다 / ❸机遇 jīyù 기회, 찬스

985 兄 xiōng
5획 儿부

兄 兄 兄
兄兄兄兄兄

형 형 형, 또래에 대한 존칭
长兄 zhǎngxiōng 맏형 / 兄弟 xiōngdì 형제 / 师兄 shīxiōng 동문 선배

986 辨 biàn
16획 辛부

辨 辨 辨
辨辨辨辨辨辨辨辨辨辨辨辨

나눌 변 판별하다, 분간하다, 분별하다
辨別 biànbié 판별하다 / 辨尝 biàncháng 시식하다 / 辨惑 biànhuò 의혹을 밝히다

987 弄 nòng
7획 廾부

弄 弄 弄
弄弄弄弄弄弄弄

희롱할 롱 ❶만지작거리다 / ❷농간을 부리다 / ❸손에 넣다, 장만하다
❶玩弄 wánnòng 갖고 놀다 / ❷弄戏 nòngxì 희롱하다 / ❸弄到手 nòngdàoshǒu 손에 넣다

988 迅 xùn
6획 辶부

迅 迅 迅
迅迅迅迅迅迅

빠를 신 신속하다, 빠르다
迅速 xùnsù 신속하다 / 迅风 xùnfēng 세찬 바람 / 迅即 xùnjí 즉시

989 丰 fēng (豊)
4획 丨부

丰 丰 丰
丰丰丰丰

풍년 풍 ❶풍부하다, 풍족하다 / ❷탐스럽게 살쪄 아름답다 / ❸크다, 위대하다
❶丰富 fēngfù 풍부하다 / ❷丰采 fēngcǎi 풍채 / ❸丰伟 fēngwěi 크다, 건장하다

990 顺 shùn (順)
9획 页부

顺 顺 顺
顺顺顺顺顺顺顺顺

순할 순 ❶(같은 방향으로) 향하다 / ❷순조롭다 / ❸순종하다 / ❹순서대로, 차례로
❶顺风 shùnfēng 바람부는 대로 따르다 / ❷顺手 shùnshǒu 순조롭다 / ❸归顺 guīshùn 귀순하다 / ❹顺次 shùncì 순서대로

991 宝 bǎo (寶) 8획 宀부
宝宝宝宝宝宝宝宝
보배 보 ❶보물, 보배 / ❷진귀하다 / ❸상대방에 대한 존칭
❶宝石 bǎoshí 보석 / ❷宝贵 bǎoguì 진귀하다 / ❸宝号 bǎohào 성함, 함자

992 庄 zhuāng (莊) 6획 广부
庄庄庄庄庄庄
별장 장 ❶마을, 촌락 / ❷가게, 상점 / ❸상품, 물건 / ❹장중하다, 정중하다
❶村庄 cūnzhuāng 마을 / ❷布庄 bùzhuāng 포목점 / ❸庄稼 zhuāngjia 농작물 / ❹庄严 zhuāngyán 장엄하다

993 永 yǒng 5획 水부
永永永永永
길 영 오래다, 길다, 영원히, 항상, 늘
永夜 yǒngyè 기나긴 밤 / 永远 yǒngyuǎn 영원히, 언제까지나 / 永永 yǒngyǒng 영원히

994 毒 dú 9획 毋부
毒毒毒毒毒毒毒毒
독 독 ❶독 / ❷마약 / ❸매섭다, 모질다
❶病毒 bìngdú 바이러스 / ❷毒品 dúpǐn 마약 / ❸毒策 dúcè 악랄한 계책

995 托 tuō 6획 扌부
托托托托托托
맡길 탁 ❶받침대, 깔개 / ❷위탁하다, 맡기다 / ❸핑계삼다 / ❹의지하다, 기대다
❶托盘 tuōpán 쟁반 / ❷委托 wěituō 위탁하다 / ❸托故 tuōgù 핑계삼다 / ❹依托 yītuō 의지하다

996 睡 shuì 13획 目부
睡睡睡睡睡睡睡睡睡睡睡
잠잘 수 잠, 수면, 잠을 자다
睡眠 shuìmián 수면 / 熟睡 shúshuì 숙면하다, 푹 자다 / 睡床 shuìchuáng 침대

997

枝
zhī

8획 木부

枝 枝 枝

枝枝枝枝枝枝枝枝

가지 지 ❶(초목의) 가지 / ❷(가지를 가진 꽃의) 가지 / ❸자루, 대, 정
❶树枝 shùzhī 나뭇가지 / ❷一枝玫瑰 yīzhīméigui 장미 한 가지 / ❸一枝铅笔 yīzhīqiānbǐ 연필 한 자루

998

洞
dòng

9획 부

洞 洞 洞

洞洞洞洞洞洞洞洞洞

골 동 ❶구멍, 동굴 / ❷분명하다, 명백하다 / ❸꿰뚫다
❶洞窟 dòngkū 동굴 / ❷洞达 dòngdá 분명히 알다 / ❸洞穿 dòngchuān 꿰뚫다

999

录
lù
(錄)

8획 彐부

录 录 录

录录录录录录录录

적을 록 ❶기재하다, 베끼다 / ❷녹음하다, 녹화하다 / ❸채택하다 / ❹기록한 것
❶记录 jìlù 기록하다 / ❷录音 lùyīn 녹음하다 / ❸录用 lùyòng 채용하다 / ❹目录 mùlù 목록

1000

港
gǎng

12획 부

港 港 港

港港港港港港港港港港港港

항구 항 항구, 항만, 공항, (배가 다닐 수 있는) 강의 지류
港口 gǎngkǒu 항구 / 空港 kōnggǎng 공항 / 离港 lígǎng 출항하다

176

부록

1. 독음순 색인
2. 병음순 색인

<부록1> 독음순 색인

ㄱ

가	형	哥 gē	100
가	노래	歌 gē	159
가	집	家 jiā	21
가	더할	加 jiā	30
가	거짓	假 jiǎ/jià	146
가	시렁	架 jià	167
가	값	价 jià	99
가	옳을	可 kě	14
각	각각	各 gè	35
각	뿔	角 jiǎo/jué	99
각	다리	脚 jiǎo	125
각	깨달을	觉 jué/jiào	76
각	새길	刻 kè	110
각	물리칠	却 què	72
간	방패	干 gān/gàn	55
간	달릴	赶 gǎn	138
간	사이	间 jiān	36
간	간악할	奸 jiān	71
간	대쪽	简 jiǎn	122
간	볼	看 kàn/kān	23
감	느낄	感 gǎn	93
감	어찌	敢 gǎn	129
감	살필	监 jiān	119
감	덜	减 jiǎn	138
강	굳셀	刚 gāng	132
강	강철	钢 gāng	155
강	강	江 jiāng	106
강	이야기할	讲 jiǎng	84
강	내릴	降 jiàng/xiáng	136
강	강할	强 qiáng/qiǎng	59
개	고칠	改 gǎi	56
개	대개	概 gài	172
개	낱	个 gè/ge	12
개	열	开 kāi	27
객	손	客 kè	113
거	살	居 jū	141
거	들	举 jǔ	77
거	클	巨 jù	153
거	의거할	据 jù	70
거	갈	去 qù	17
건	사건	件 jiàn	58
건	세울	建 jiàn	45
검	조사할	检 jiǎn	151
검	뺨	脸 liǎn	142
격	격식	格 gé	91
격	부딪칠	激 jī	147
격	칠	击 jī	117
견	굳을	坚 jiān	111
견	볼	见 jiàn	26
결	맺을	结 jié	41
결	결단할	决 jué	52

178

결	이지러질	缺	quē	162	골	뼈	骨	gǔ	170
경	고칠	更	gēng/gèng	66	공	공변될	公	gōng	37
경	날	经	jīng	22	공	공로	功	gōng	102
경	서울	京	jīng	81	공	장인	工	gōng	17
경	경치	景	jǐng	164	공	함께	共	gòng	56
경	놀랄	惊	jīng	164	공	이바지할	供	gōng/gòng	115
경	끝날	竟	jìng	172	공	빌	空	kōng/kòng	78
경	지경	境	jìng	155	공	두려워할	恐	kǒng	156
경	굳셀	劲	jìn/jìng	171	공	구멍	孔	kǒng	117
경	거울	镜	jìng	155	과	실과	果	guǒ	45
경	공경할	敬	jìng	163	과	지날	过	guò/guo	18
경	가벼울	轻	qīng	118	과	조목	科	kē	63
계	닭	鸡	jī	172	과	시험할	课	kè	164
계	셀	计	jì	56	관	빗장	关	guān	34
계	철	季	jì	172	관	벼슬	官	guān	81
계	이을	继	jì	120	관	볼	观	guān	73
계	층계	阶	jiē	51	관	피리	管	guǎn	64
계	지경	界	jiè	57	관	객사	馆	guǎn	163
계	이을	系	xì	50	관	너그러울	宽	kuān	126
고	높을	高	gāo	29	관	정성	款	kuǎn	117
고	두드릴	搞	gǎo	159	광	빛	光	guāng	59
고	알릴	告	gào	85	광	넓을	广	guǎng	75
고	시어미	姑	gū	122	광	쇳돌	矿	kuàng	132
고	옛	古	gǔ	93	괴	의심할	怪	guài	149
고	북	鼓	gǔ	161	괴	무너질	坏	huài	121
고	돌아볼	顾	gù	164	괴	흙덩이	块	kuài	108
고	굳을	固	gù	120	교	사귈	交	jiāo	69
고	예	故	gù	101	교	가르칠	教	jiào/jiāo	41
고	생각할	考	kǎo	133	교	비교할	较	jiào	74
고	기댈	靠	kào	125	교	다리	桥	qiáo	147
고	쓸	苦	kǔ	100	교	학교	校	xiào/jiào	80
곡	곡할	哭	kū	156	구	얽을	构	gòu	134
곡	굽을	曲	qū/qǔ	167	구	많을	够	gòu	95
곤	궁할	困	kùn	145	구	궁구할	究	jiū	67

구	아홉	九	jiǔ	37	기	틀	机	jī	32
구	오랠	久	jiǔ	126	기	터	基	jī	61
구	옛날	旧	jiù	123	기	기미	几	jī/jǐ	40
구	구원할	救	jiù	137	기	몸	己	jǐ	44
구	갖출	具	jù	85	기	기록할	记	jì	61
구	귀절	句	jù	138	기	재주	技	jì	84
구	입	口	kǒu	43	기	법	纪	jì	112
구	구라파	欧	ōu	159	기	이미	既	jì	116
구	공	球	qiú	89	기	기수	奇	qí	138
구	구할	求	qiú	53	기	기약할	期	qī	47
구	지경	区	qū	55	기	그	其	qí	34
국	나라	国	guó	12	기	일어날	起	qǐ	23
국	판	局	jú	77	기	도모할	企	qǐ	112
군	군사	军	jūn	42	기	기운	气	qì	37
군	임금	君	jūn	135	기	그릇	器	qì	73
군	무리	群	qún	73	기	김	汽	qì	136
권	권세	权	quán	78	긴	긴할	紧	jǐn	96
규	법	规	guī	83	귀	돌아갈	归	guī	127
규	부르짖을	叫	jiào	49	귀	귀할	贵	guì	156
균	고를	均	jūn	123					
극	다할	极	jí	61					
극	이길	克	kè	81	## ㄴ				
근	뿌리	根	gēn	66	나	잡을	拿	ná	83
근	발꿈치	跟	gēn	100	나	어찌	哪	nǎ	92
근	도끼	斤	jīn	150	나	어찌	那	nà	17
근	겨우	仅	jǐn	131	난	어려울	难	nán/nàn	63
근	가까울	近	jìn	67	남	사내	男	nán	124
금	이제	今	jīn	39	남	남녘	南	nán	55
금	쇠	金	jīn	60	낭	어미	娘	niáng	139
급	줄	给	gěi/jǐ	44	내	젖	奶	nǎi	161
급	등급	级	jí	40	내	안	内	nèi	38
급	급할	急	jí	116	녀	계집	女	nǚ	47
급	미칠	及	jí	52	년	해	年	nián	16
긍	즐길	肯	kěn	144	념	생각할	念	niàn	101

노	힘쓸	努 nǔ	155
농	농사	农 nóng	48
뇌	머릿골	脑 nǎo	154
능	능할	能 néng	19
니	소곤거릴	呢 ne	68
니	여승	尼 ní	149
니	당신	你 nǐ	16
닌	당신	您 nín	145

ㄷ

다	많을	多 duō	17
단	홑	单 dān	78
단	다만	但 dàn	35
단	끝	端 duān	128
단	짧을	短 duǎn	140
단	끊을	断 duàn	91
단	구분	段 duàn	107
단	둥글	团 tuán	71
달	통할	达 dá	69
담	멜	担 dān/dàn	147
담	이야기	谈 tán	86
답	대답할	答 dá	117
당	마땅할	当 dāng/dàng	30
당	무리	党 dǎng	42
당	집	堂 táng	162
대	클	大 dà/dài	11
대	대신할	代 dài	41
대	띠	带 dài	66
대	기다릴	待 dài	122
대	대답할	对 duì	19
대	무리	队 duì	44
대	대	台 tái	92
덕	덕	德 dé	85

도	칼	刀 dāo	121
도	이끌	导 dǎo	63
도	넘어질	倒 dǎo/dào	90
도	이를	到 dào	13
도	길	道 dào	17
도	흔들	掉 diào	148
도	도읍	都 dōu/dū	22
도	법도	度 dù	33
도	뛸	跳 tiào	135
도	그림	图 tú	65
독	독	毒 dú	175
독	읽을	读 dú	128
독	홀로	独 dú	129
돌	부딪칠	突 tū	156
동	동녘	东 dōng	47
동	겨울	冬 dōng	173
동	움직일	动 dòng	18
동	골	洞 dòng	176
동	같을	同 tóng	20
두	머리	头 tóu/tou	31
득	얻을	得 dé/děi/de	16
등	등잔	灯 dēng	153
등	오를	登 dēng	159
등	무리	等 děng	27

ㄹ

라	그물	罗 luó	154
락	떨어질	落 luò	101
락	즐거울	乐 lè/yuè	108
란	난초	兰 lán	153
란	어지러울	乱 luàn	144
랍	끌	拉 lā	70
랍	어조사	啦 lā	123

래	올	来 lái	⋯⋯⋯⋯⋯⋯⋯⋯	12
랭	찰	冷 lěng	⋯⋯⋯⋯⋯⋯⋯⋯	130
략	간략할	略 lüè	⋯⋯⋯⋯⋯⋯⋯⋯	132
량	어질	良 liáng	⋯⋯⋯⋯⋯⋯⋯⋯	120
량	곡식	粮 liáng	⋯⋯⋯⋯⋯⋯⋯⋯	167
량	두	两 liǎng	⋯⋯⋯⋯⋯⋯⋯⋯	26
량	밝을	亮 liàng	⋯⋯⋯⋯⋯⋯⋯⋯	159
량	헤아릴	量 liàng/liáng	⋯⋯⋯⋯⋯⋯⋯⋯	39
려	나그네	旅 lǚ	⋯⋯⋯⋯⋯⋯⋯⋯	127
력	힘	力 lì	⋯⋯⋯⋯⋯⋯⋯⋯	27
력	지낼	历 lì	⋯⋯⋯⋯⋯⋯⋯⋯	88
련	연할	联 lián	⋯⋯⋯⋯⋯⋯⋯⋯	60
련	익힐	练 liàn	⋯⋯⋯⋯⋯⋯⋯⋯	155
련	이을	连 lián	⋯⋯⋯⋯⋯⋯⋯⋯	76
렬	굳셀	烈 liè	⋯⋯⋯⋯⋯⋯⋯⋯	154
렬	줄	列 liè	⋯⋯⋯⋯⋯⋯⋯⋯	97
령	떨어질	零 líng	⋯⋯⋯⋯⋯⋯⋯⋯	148
령	거느릴	领 lǐng	⋯⋯⋯⋯⋯⋯⋯⋯	60
령	명령할	令 lìng	⋯⋯⋯⋯⋯⋯⋯⋯	127
령	딴	另 lìng	⋯⋯⋯⋯⋯⋯⋯⋯	137
례	예	礼 lǐ	⋯⋯⋯⋯⋯⋯⋯⋯	157
례	본보기	例 lì	⋯⋯⋯⋯⋯⋯⋯⋯	116
로	늙을	老 lǎo	⋯⋯⋯⋯⋯⋯⋯⋯	30
로	수고할	劳 láo	⋯⋯⋯⋯⋯⋯⋯⋯	65
로	이슬	露 lù	⋯⋯⋯⋯⋯⋯⋯⋯	158
로	길	路 lù	⋯⋯⋯⋯⋯⋯⋯⋯	42
록	적을	录 lù	⋯⋯⋯⋯⋯⋯⋯⋯	176
론	논할	论 lùn	⋯⋯⋯⋯⋯⋯⋯⋯	46
롱	희롱할	弄 nòng	⋯⋯⋯⋯⋯⋯⋯⋯	174
료	마칠	了 liǎo/le	⋯⋯⋯⋯⋯⋯⋯⋯	10
료	헤아릴	料 liào	⋯⋯⋯⋯⋯⋯⋯⋯	68
료	시끄러울	闹 nào	⋯⋯⋯⋯⋯⋯⋯⋯	171
류	무리	类 lèi	⋯⋯⋯⋯⋯⋯⋯⋯	77
류	머무를	留 liú	⋯⋯⋯⋯⋯⋯⋯⋯	115
류	흐를	流 liú	⋯⋯⋯⋯⋯⋯⋯⋯	60
륙	여섯	六 liù	⋯⋯⋯⋯⋯⋯⋯⋯	42
륜	바퀴	轮 lùn	⋯⋯⋯⋯⋯⋯⋯⋯	117
률	법	律 lǜ	⋯⋯⋯⋯⋯⋯⋯⋯	113
리	떠날	离 lí	⋯⋯⋯⋯⋯⋯⋯⋯	92
리	오얏	李 lǐ	⋯⋯⋯⋯⋯⋯⋯⋯	136
리	안	里 lǐ	⋯⋯⋯⋯⋯⋯⋯⋯	19
리	다스릴	理 lǐ	⋯⋯⋯⋯⋯⋯⋯⋯	31
리	이로울	利 lì	⋯⋯⋯⋯⋯⋯⋯⋯	39
림	수풀	林 lín	⋯⋯⋯⋯⋯⋯⋯⋯	76
립	설	立 lì	⋯⋯⋯⋯⋯⋯⋯⋯	46

ㅁ

마	의문 조사	吗 ma	⋯⋯⋯⋯⋯⋯⋯⋯	90
마	어미	妈 mā	⋯⋯⋯⋯⋯⋯⋯⋯	113
마	말	马 mǎ	⋯⋯⋯⋯⋯⋯⋯⋯	57
마	그런가	么 me	⋯⋯⋯⋯⋯⋯⋯⋯	27
마	갈	磨 mó/mò	⋯⋯⋯⋯⋯⋯⋯⋯	171
만	찰	满 mǎn	⋯⋯⋯⋯⋯⋯⋯⋯	104
만	게으를	慢 màn	⋯⋯⋯⋯⋯⋯⋯⋯	146
만	늦을	晚 wǎn	⋯⋯⋯⋯⋯⋯⋯⋯	94
만	일만	万 wàn	⋯⋯⋯⋯⋯⋯⋯⋯	50
망	바쁠	忙 máng	⋯⋯⋯⋯⋯⋯⋯⋯	119
망	바라볼	望 wàng	⋯⋯⋯⋯⋯⋯⋯⋯	73
매	살	买 mǎi	⋯⋯⋯⋯⋯⋯⋯⋯	108
매	팔	卖 mài	⋯⋯⋯⋯⋯⋯⋯⋯	135
매	매양	每 měi	⋯⋯⋯⋯⋯⋯⋯⋯	65
매	누이	妹 mèi	⋯⋯⋯⋯⋯⋯⋯⋯	163
맥	보리	麦 mài	⋯⋯⋯⋯⋯⋯⋯⋯	158
맹	사나울	猛 měng	⋯⋯⋯⋯⋯⋯⋯⋯	150
면	목화	棉 mián	⋯⋯⋯⋯⋯⋯⋯⋯	165
면	면할	免 miǎn	⋯⋯⋯⋯⋯⋯⋯⋯	126
면	얼굴	面 miàn	⋯⋯⋯⋯⋯⋯⋯⋯	21

멸	다할	灭	miè	166
명	이름	名	míng	48
명	밝을	明	míng	32
명	목숨	命	mìng	37
모	털	毛	máo	78
모	법	模	mó/mú	151
모	아무	某	mǒu	129
모	어미	母	mǔ	74
목	나무	木	mù	99
목	눈	目	mù	62
몰	빠질	没	méi/mò	24
무	없을	无	wú	32
무	굳셀	武	wǔ	111
무	힘쓸	务	wù	60
문	들	们	men	12
문	문	门	mén	25
문	들을	闻	wén	129
문	글월	文	wén	46
문	물을	问	wèn	47
물	물건	物	wù	33
미	아름다울	美	měi	53
미	아닐	未	wèi	80
미	쌀	米	mǐ	72
미	작을	微	wēi	137
미	맛	味	wèi	166
민	백성	民	mín	21
밀	빽빽할	密	mì	122

ㅂ

반	일반	般	bān	93
반	나눌	班	bān	144
반	반	半	bàn	82
반	돌이킬	反	fǎn	45
반	밥	饭	fàn	143
발	필	发	fā/fà	18
방	도울	帮	bāng	62
방	모	方	fāng	21
방	방	房	fáng	95
방	막을	防	fáng	104
방	찾을	访	fǎng	152
방	놓을	放	fàng	47
방	곁	旁	páng	154
배	등	背	bēi/bèi	143
배	늘어설	排	pái	123
배	북돋울	培	péi	165
배	짝	配	pèi	125
백	흰	白	bái	45
백	일백	百	bǎi	36
번	날	翻	fān	168
범	법	范	fàn	152
범	범할	犯	fàn	168
법	법	法	fǎ	25
변	가	边	biān/bian	51
변	나눌	辨	biàn	174
별	다를	别	bié	50
병	군사	兵	bīng	88
병	나란히	并	bìng	58
병	병	病	bìng	86
병	병	瓶	píng	143
보	보배	宝	bǎo	175
보	보전할	保	bǎo	63
보	알릴	报	bào	51
보	기울	补	bǔ	173
보	걸을	步	bù	70
보	넓을	普	pǔ	143
복	복	福	fú	146
복	옷	服	fú	83

183

복	다시	复	fù	87	**사**	부릴	使	shǐ	32
본	근본	本	běn	26	**사**	역사	史	shǐ	96
봉	봉할	封	fēng	142	**사**	일	事	shì	20
부	나눌	部	bù	25	**사**	선비	士	shì	93
부	아닐	否	fǒu	158	**사**	희롱할	耍	shuǎ	53
부	지아비	夫	fū	69	**사**	맡을	司	sī	110
부	고을	府	fǔ	79	**사**	생각할	思	sī	58
부	지어미	妇	fù	105	**사**	이	斯	sī	85
부	아비	父	fù	108	**사**	실	丝	sī	157
부	넉넉할	富	fù	114	**사**	죽을	死	sǐ	77
부	질	负	fù	121	**사**	같을	似	sì	104
부	버금	副	fù	124	**사**	넉	四	sì	31
부	줄	付	fù	134	**사**	적을	些	xiē	30
북	북녘	北	běi/bèi	52	**사**	베낄	写	xiě	92
분	향내날	芬	fēn	140	**사**	사례할	谢	xiè	161
분	나눌	分	fēn	22	**삭**	깎을	削	xuē/xiāo	157
분	가루	粉	fěn	156	**산**	낳을	产	chǎn	23
불	아니	不	bù/bú	10	**산**	흩을	散	sàn	150
붕	벗	朋	péng	136	**산**	뫼	山	shān	49
비	갖출	备	bèi	84	**산**	초	酸	suān	157
비	견줄	比	bǐ	36	**산**	셀	算	suàn	74
비	아닐	非	fēi	68	**살**	죽일	杀	shā	150
비	날	飞	fēi	96	**삼**	석	三	sān	20
비	살질	肥	féi	160	**상**	항상	常	cháng	44
비	쓸	费	fèi	107	**상**	평상	床	chuáng	145
비	칠	批	pī	79	**상**	다칠	伤	shāng	137
빙	기댈	凭	píng	147	**상**	장사	商	shāng	78
					상	숭상할	尚	shàng	169
					상	위	上	shàng	11

人

사	조사할	查	chá	106	**상**	서로	相	xiāng	37
사	쏠	射	shè	153	**상**	생각할	想	xiǎng	33
사	모일	社	shè	28	**상**	모양	像	xiàng	114
사	스승	师	shī	78	**상**	코끼리	象	xiàng	43
					상	모양	状	zhuàng	109

새	굿할	赛	sài	99	소	작을	小	xiǎo	14
색	색	色	sè	72	소	웃을	笑	xiào	89
생	날	生	shēng	15	속	무리	属	shǔ	122
서	글	书	shū	57	속	묶을	束	shù	167
서	쥐	鼠	shǔ	169	속	빠를	速	sù	91
서	서녘	西	xī	38	속	이을	续	xù	108
석	돌	石	shí	69	손	손자	孙	sūn	173
석	자리	席	xí	80	솔	거느릴	率	shuài/lǜ	118
선	배	船	chuán	102	송	더벅머리	松	sōng	166
선	착할	善	shàn	145	송	보낼	送	sòng	102
선	먼저	先	xiān	43	수	거둘	收	shōu	67
선	고울	鲜	xiān/xiǎn	148	수	손	手	shǒu	39
선	실	线	xiàn	49	수	머리	首	shǒu	98
선	베풀	宣	xuān	131	수	지킬	守	shǒu	130
선	가릴	选	xuǎn	88	수	받을	受	shòu	61
설	베풀	设	shè	58	수	보낼	输	shū	154
설	말씀	说	shuō	13	수	셀	数	shǔ/shù	48
성	이룰	成	chéng	20	수	나무	树	shù	84
성	성	城	chéng	105	수	비록	虽	suī	103
성	소리	声	shēng	52	수	따를	随	suí	107
성	살필	省	xǐng/shěng	70	수	누구	谁	shéi	123
성	별	星	xīng	121	수	물	水	shuǐ	28
성	성품	性	xìng	41	수	잠잘	睡	shuì	175
세	기세	势	shì	89	수	닦을	修	xiū	105
세	인간	世	shì	53	수	구할	需	xū	101
세	해	岁	suì	131	수	모름지기	须	xū	82
세	가늘	细	xì	94	수	이룰	遂	suì	135
소	불사를	烧	shāo	153	숙	익을	熟	shú	165
소	적을	少	shǎo/shào	46	순	순할	顺	shùn	174
소	소생	苏	sū	98	술	꾀	术	shù	68
소	흴	素	sù	132	술	말할	述	shù	149
소	아뢸	诉	sù	139	습	익힐	习	xí	82
소	바	所	suǒ	23	승	받들	承	chéng	138
소	사라질	消	xiāo	95	승	오를	升	shēng	155

185

승	이길	胜	shèng	88
시	베풀	施	shī	114
시	때	时	shí	14
시	처음	始	shǐ	100
시	옳을	是	shì	10
시	저자	市	shì	62
시	보일	示	shì	86
시	시험할	试	shì	103
시	볼	视	shì	109
식	먹을	食	shí	96
식	법	式	shì	72
식	알	识	shí	76
식	숨쉴	息	xī	118
식	심을	植	zhí	156
신	몸	身	shēn	55
신	귀신	神	shén	81
신	새	新	xīn	26
신	믿을	信	xìn	67
신	빠를	迅	xùn	174
실	잃을	失	shī	97
실	열매	实	shí	28
실	집	室	shì	143
심	깊을	深	shēn	63
심	심할	甚	shèn	91
심	마음	心	xīn	28
십	열사람	什	shén	36
십	열	十	shí	15
쌍	쌍	双	shuāng	99

ㅇ

아	어조사	啊	ā/á/ǎ/à	114
아	언덕	阿	ē	112
아	아이	儿	ér	36
아	나	我	wǒ	11
아	버금	亚	yà	87
악	악할	恶	è/ě/wù	150
안	편안할	安	ān	54
안	누를	按	àn	121
안	책상	案	àn	139
안	눈	眼	yǎn	69
암	어두울	暗	àn	162
압	누를	压	yā	76
앙	가운데	央	yāng	142
애	사랑	爱	ài	75
액	즙	液	yè	151
야	아비	爷	yé	141
야	어조사	也	yě	15
야	들	野	yě	157
야	밤	夜	yè	122
약	같을	若	ruò	91
약	약	药	yào	136
약	묶을	约	yuē	80
양	바다	洋	yáng	104
양	오를	扬	yáng	118
양	볕	阳	yáng	113
양	기를	养	yǎng	104
양	사양할	让	ràng	115
양	모양	样	yàng	24
어	물고기	鱼	yú	103
어	말씀	语	yǔ	133
언	말씀	言	yán	91
엄	엄할	严	yán	117
업	업	业	yè	29
여	같을	如	rú	27
여	남을	余	yú	127
여	줄	与	yǔ/yù	38
연	그러할	然	rán	34

연	연기	烟	yān	133		우	만날	遇	yù	173
연	흐를	演	yǎn	143		운	구름	云	yún	124
연	갈	研	yán/yàn	65		운	옮길	运	yùn	54
열	더울	热	rè	68		원	둥글	圆	yuán	131
엽	잎	叶	yè	118		원	인원	员	yuán	39
영	꽃부리	英	yīng	98		원	근원	原	yuán	42
영	맞이할	迎	yíng	162		원	으뜸	元	yuán	75
영	경영할	营	yíng	119		원	근원	源	yuán	132
영	그림자	影	yǐng	90		원	동산	园	yuán	171
영	길	永	yǒng	175		원	멀	远	yuǎn	93
예	재주	艺	yì	125		원	담	院	yuàn	89
예	미리	预	yù	131		원	바랄	愿	yuàn	109
오	낮	午	wǔ	130		월	달	月	yuè	29
오	다섯	五	wǔ	28		월	넘을	越	yuè	87
오	그릇될	误	wù	157		위	위엄	威	wēi	171
옥	집	屋	wū	113		위	위태할	危	wēi	159
옥	옥	玉	yù	171		위	행할	为	wéi/wèi	13
온	따뜻할	温	wēn	98		위	둘레	围	wéi	112
완	희롱할	玩	wán	160		위	클	伟	wěi	170
완	완전할	完	wán	45		위	맡길	委	wěi	72
왕	임금	王	wáng	80		위	지킬	卫	wèi	135
왕	갈	往	wǎng	79		위	자리	位	wèi	41
외	밖	外	wài	29		유	말미암을	由	yóu	38
요	구할	要	yào/yāo	15		유	기름	油	yóu	72
용	얼굴	容	róng	101		유	헤엄칠	游	yóu	95
용	쓸	用	yòng	16		유	있을	有	yǒu	11
우	소	牛	niú	151		유	맬	维	wéi	116
우	뛰어날	优	yōu	140		육	고기	肉	ròu	150
우	더욱	尤	yóu	169		육	기를	育	yù	58
우	벗	友	yǒu	86		은	은	银	yín	105
우	또	又	yòu	25		은	은혜	恩	ēn	133
우	오른	右	yòu	139		음	소리	音	yīn	103
우	어조사	于	yú	22		응	응할	应	yīng/yìng	35
우	비	雨	yǔ	119		의	옷	衣	yī/yì	109

187

의	의지할	依	yī	140	장	길	长	cháng/zhǎng	25
의	의원	医	yī	120	장	장차	将	jiāng/jiàng	38
의	옳을	义	yì	30	장	펼	张	zhāng	75
의	의논할	议	yì	57	장	글	章	zhāng	142
의	뜻	意	yì	32	장	손바닥	掌	zhǎng	166
이	말이을	而	ér	24	장	꾸밀	装	zhuāng	79
이	두	二	èr	19	장	별장	庄	zhuāng	175
이	옮길	移	yí	163	장	씩씩할	壮	zhuàng	148
이	써	以	yǐ	13	재	재목	材	cái	130
이	이미	已	yǐ	50	재	재주	才	cái	54
이	다를	异	yì	168	재	재물	财	cái	126
이	쉬울	易	yì	81	재	실을	载	zài/zǎi	170
익	더할	益	yì	128	재	있을	在	zài	10
인	사람	人	rén	11	재	다시	再	zài	53
인	알	认	rèn	64	쟁	다툴	争	zhēng	52
인	인할	因	yīn	31	저	낮을	低	dī	94
인	끌	引	yǐn	100	저	밑	底	dǐ	113
인	도장	印	yìn	148	저	막을	抵	dǐ	172
일	날	日	rì	21	저	누이	姐	jiě	127
일	한	一	yī/yí/yì	10	저	이	这	zhè	11
임	맡길	任	rèn	61	저	나타날	著	zhù	30
입	들	入	rù	44	적	과녁	的	de/dí/dì	10
잉	인할	仍	réng	133	적	원수	敌	dí	115
					적	쌓을	积	jī	86
					적	맞을	适	shì	124

ㅈ

자	놈	者	zhě	36	전	전할	传	chuán	84
자	재물	资	zī	48	전	번개	电	diàn	27
자	아들	子	zǐ/zi	14	전	앞	前	qián	24
자	스스로	自	zì	18	전	돈	钱	qián	84
자	글	字	zì	71	전	온전할	全	quán	14
작	지을	作	zuò	18	전	밭	田	tián	105
잡	섞일	杂	zá	140	전	펼	展	zhǎn	48
장	마당	场	cháng	65	전	싸울	战	zhàn	45
					전	오로지	专	zhuān	77

전	구를	转	zhuǎn/zhuàn	82		조	지을	造	zào	59
절	마디	节	jié	83		조	찾을	找	zhǎo	79
절	끊을	绝	jué	135		조	비출	照	zhào	81
절	끊을	切	qiē/qiè	73		조	도울	助	zhù	101
점	점	点	diǎn	31		조	긁을	抓	zhuā	166
점	번질	渐	jiān/jiàn	120		조	할아비	祖	zǔ	169
점	차지할	占	zhàn/zhān	136		조	짤	组	zǔ	57
접	접할	接	jiē	55		족	발	足	zú	96
정	한도	程	chéng	71		족	겨레	族	zú	100
정	꼭대기	顶	dǐng	144		존	있을	存	cún	110
정	정할	定	dìng	26		종	좇을	从	cóng	25
정	찧을	精	jīng	83		종	끝	终	zhōng	139
정	조용할	静	jìng	167		종	종	钟	zhōng	148
정	뜻	情	qíng	40		종	씨	种	zhǒng/zhòng	22
정	멈출	停	tíng	141		좌	왼	左	zuǒ	133
정	가지런할	整	zhěng	88		좌	자리	座	zuò	134
정	바를	正	zhèng	33		좌	앉을	坐	zuò	95
정	정사	政	zhèng	29		죄	허물	罪	zuì	151
제	덜	除	chú	90		주	술	酒	jiǔ	134
제	차례	第	dì	33		주	두루	周	zhōu	97
제	아우	弟	dì	116		주	섬	洲	zhōu	126
제	임금	帝	dì	121		주	고을	州	zhōu	139
제	건널	济	jì	56		주	주인	主	zhǔ	16
제	끝	际	jì	76		주	물댈	注	zhù	96
제	가지런할	齐	qí	146		주	머무를	住	zhù	64
제	끌	提	tí	49		주	달릴	走	zǒu	43
제	표제	题	tí	44		주	지을	做	zuò	37
제	지을	制	zhì	34		준	허가할	准	zhǔn	90
제	모두	诸	zhū	144		중	가운데	中	zhōng/zhòng	13
조	아침	朝	zhāo/cháo	118		중	무리	众	zhòng	70
조	조수	潮	cháo	170		중	무거울	重	zhòng/chóng	35
조	고를	调	diào/tiáo	74		즉	곧	即	jí	77
조	가지	条	tiáo	50		즘	어찌	怎	zěn	67
조	이를	早	zǎo	82		증	일찍	曾	céng	107

증	더할	增	zēng	71	착	섞일	错	cuò	127
증	증명할	证	zhèng	99	착	붙을	着	zhe/zháo/zhuó	24
지	가질	持	chí	75	찬	도울	赞	zàn	167
지	땅	地	dì/de	13	찰	살필	察	chá	140
지	갈	之	zhī	22	참	참가할	参	cān	85
지	다만	只	zhǐ/zhī	28	참	우두커니 설	站	zhàn	106
지	알	知	zhī	34	창	헛간	厂	chǎng	87
지	지탱할	支	zhī	87	창	부를	唱	chàng	160
지	가지	枝	zhī	176	창	비롯할	创	chuàng/chuāng	128
지	가리킬	指	zhǐ	62	채	캘	采	cǎi	92
지	종이	纸	zhǐ	142	채	나물	菜	cài	160
지	그칠	止	zhǐ	106	책	꾀	策	cè	138
지	뜻	志	zhì	64	책	꾸짖을	责	zé	119
지	이를	至	zhì	66	처	곳	处	chù/chǔ	64
직	짤	织	zhī	85	척	자	尺	chǐ	124
직	구실	职	zhí	106	천	뚫을	穿	chuān	128
직	곧을	直	zhí	59	천	일천	千	qiān	62
진	진	陈	chén	163	천	하늘	天	tiān	19
진	다할	尽	jǐn/jìn	111	철	쇠	铁	tiě	88
진	나아갈	进	jìn	24	청	푸를	青	qīng	82
진	참	真	zhēn	47	청	맑을	清	qīng	75
질	바탕	质	zhì	61	청	갤	晴	qíng	152
집	모일	集	jí	86	청	청할	请	qǐng	74
집	잡을	执	zhí	173	청	들을	听	tīng	53
					체	몸	体	tǐ	33
					체	바꿀	替	tì	154

大

					초	풀	草	cǎo	102
차	어긋날	差	chā/chà/chāi	111	초	뛰어넘을	超	chāo	160
차/다	차	茶	chá	152	초	처음	初	chū	120
차	이	此	cǐ	34	초	주춧돌	础	chǔ	170
차	차례	次	cì	41	촉	절박할	促	cù	168
차/거	수레	车	chē	57	촌	마을	村	cūn	107
차	빌릴	借	jiè	144	총	거느릴	总	zǒng	43
차	또	且	qiě	67	최	가장	最	zuì	40

190

추	밀	推 tuī	97	탄	탄알	弹 dàn/tán	164
추	쫓을	追 zhuī	126	탈	빼앗을	夺 duó	165
춘	봄	春 chūn	130	탈	벗을	脱 tuō	169
출	날	出 chū	16	태	클	太 tài	20
충	찰	充 chōng	132	태	모양	态 tài	131
충	찌를	冲 chōng	158	토	칠	讨 tǎo	147
충	벌레	虫 chóng	130	토	흙	土 tǔ	74
취	이룰	就 jiù	14	통	거느릴	统 tǒng	64
취	취할	取 qǔ	54	통	통할	通 tōng	48
취	부리	嘴 zuǐ	170	통	아파할	痛 tòng	160
측	잴	测 cè	158	퇴	물러날	退 tuì	161
층	층	层 céng	112	투	싸울	斗 dòu	66
치	값	值 zhí	116	투	씌울	套 tào	169
치	다스릴	治 zhì	60	투	던질	投 tóu	109
치	이를	致 zhì	124	특	특별할	特 tè	56
치	둘	置 zhì	128				
칙	법칙	则 zé	65	**ㅍ**			
친	친할	亲 qīn	66				
칠	일곱	七 qī	43	파	어조사	吧 ba	115
침	침노할	侵 qīn	172	파	땅이름	巴 bā	102
침	바늘	针 zhēn	153	파	잡을	把 bǎ	23
칭	일컬을	称 chēng	119	파	파할	罢 bà	103
				파	물결	波 bō	141
ㅋ				파	뿌릴	播 bō	164
				파	두려울	怕 pà	104
쾌	쾌할	快 kuài	62	파	갈라질	派 pài	114
				파	깨질	破 pò	97
ㅌ				판	힘쓸	办 bàn	73
				판	판자	板 bǎn	89
타	칠	打 dǎ	46	판	가를	判 pàn	129
타	남	他 tā	12	팔	여덟	八 bā	40
타	다를	它 tā	51	편	맬	编 biān	168
타	그녀	她 tā	52	편	편할	便 biàn/pián	42
탁	맡길	托 tuō	175	편	조각	片 piàn	98

191

평 평평할	平 píng	39	해 어린아이	孩 hái	79
평 품평할	评 píng	151	해 바다	海 hǎi	58
포 쌀	包 bāo	103	해 해칠	害 hài	94
포 베	布 bù	69	해 풀	解 jiě	49
포 달릴	跑 pǎo	111	핵 씨	核 hé	173
표 표할	标 biāo	94	행 갈	行 xíng/háng	19
표 겉	表 biǎo	35	향 시골	乡 xiāng	134
표 쪽지	票 piào	165	향 향기	香 xiāng	152
품 물건	品 pǐn	59	향 울릴	响 xiǎng	110
풍 바람	风 fēng	70	향 향할	向 xiàng	31
풍 풍년	丰 fēng	174	허 허락할	许 xǔ	59
피 이불	被 bèi	54	험 험할	险 xiǎn	163
피 가죽	皮 pí	115	험 증험할	验 yàn	83
필 반드시	必 bì	54	혁 가죽	革 gé	46

ㅎ

하 어찌	何 hé	68	현 지금	现 xiàn	26
하 하천	河 hé	89	현 고을	县 xiàn	92
하 입벌릴	呀 yā	93	현 밝을	显 xiǎn	123
하 아래	下 xià	15	혈 피	血 xuè	146
하 여름	夏 xià	166	협 합할	协 xié	125
학 배울	学 xué	17	형 형상	形 xíng	51
한 나라	汉 hàn	149	형 거푸집	型 xíng	109
한 한정	限 xiàn	141	형 형	兄 xiōng	174
함 소리칠	喊 hǎn	50	호 터럭	毫 háo	147
함 머금을	含 hán	149	호 좋을	好 hǎo/hào	18
합 마실	哈 hā	161	호 이름	号 hào	81
합 합할	合 hé	32	호 어조사	乎 hū	145
항 항구	港 gǎng	176	호 부를	呼 hū	141
항 막을	抗 kàng	129	호 서로	互 hù	142
항 거리	巷 xiàng/hàng	158	호 지게	户 hù	162
항 항목	项 xiàng	102	호 지킬	护 hù	114
해 갖출	该 gāi	80	혹 혹	或 huò	49
			혼 혼인할	婚 hūn	87
			홀 소홀히할	忽 hū	168
			홍 붉을	红 hóng	105

화	화목할	和	hé/huo	⋯⋯⋯⋯⋯	12	회	돌아올	回 huí ⋯⋯⋯⋯⋯	40
화	꽃	花	huā	⋯⋯⋯⋯⋯⋯⋯	63	회	모일	会 huì ⋯⋯⋯⋯⋯	15
화	화려할	华	huá	⋯⋯⋯⋯⋯⋯⋯	55	획	그을	划 huà/huá ⋯⋯	112
화	그림	画	huà	⋯⋯⋯⋯⋯⋯⋯	134	획	얻을	获 huò ⋯⋯⋯⋯⋯	137
화	될	化	huà	⋯⋯⋯⋯⋯⋯⋯	35	효	본받을	效 xiào ⋯⋯⋯⋯⋯	110
화	이야기	话	huà	⋯⋯⋯⋯⋯⋯⋯	38	후	뒤	后 hòu ⋯⋯⋯⋯⋯	21
화	불	火	huǒ	⋯⋯⋯⋯⋯⋯⋯	71	후	물을	候 hòu ⋯⋯⋯⋯⋯	97
화	세간	伙	huǒ	⋯⋯⋯⋯⋯⋯⋯	152	훈	가르칠	训 xùn ⋯⋯⋯⋯⋯	161
화	재화	货	huò	⋯⋯⋯⋯⋯⋯⋯	137	휘	휘두를	挥 huī ⋯⋯⋯⋯⋯	165
확	굳을	确	què	⋯⋯⋯⋯⋯⋯⋯	94	흑	검을	黑 hēi ⋯⋯⋯⋯⋯	107
환	돌아올	还	huán/hái	⋯⋯⋯	23	흔	매우	很 hěn ⋯⋯⋯⋯⋯	29
환	기뻐할	欢	huān	⋯⋯⋯⋯⋯⋯	110	흘	먹을	吃 chī ⋯⋯⋯⋯⋯	56
환	고리	环	huán	⋯⋯⋯⋯⋯⋯	145	흡	마실	吸 xī ⋯⋯⋯⋯⋯	146
환	바꿀	换	huàn	⋯⋯⋯⋯⋯⋯	125	흥	일	兴 xīng/xìng ⋯⋯	95
활	미끄러질	滑	huá	⋯⋯⋯⋯⋯⋯⋯	111	희	바랄	希 xī ⋯⋯⋯⋯⋯	106
활	살	活	huó	⋯⋯⋯⋯⋯⋯⋯	20	희	기쁠	喜 xǐ ⋯⋯⋯⋯⋯	98
황	누를	黄	huáng	⋯⋯⋯⋯⋯⋯	108	희	놀	戏 xì ⋯⋯⋯⋯⋯	149
황	하물며	况	kuàng	⋯⋯⋯⋯⋯⋯	90				

193

〈부록2〉 병음순 색인

A

啊 ā/á/ǎ/à	아 어조사	114
爱 ài	애 사랑	75
安 ān	안 편안할	54
按 àn	안 누를	121
案 àn	안 책상	139
暗 àn	암 어두울	162

B

吧 ba	파 어조사	115
八 bā	팔 여덟	40
巴 bā	파 땅이름	102
把 bǎ	파 잡을	23
罢 bà	파 파할	103
百 bǎi	백 일백	36
白 bái	백 흰	45
般 bān	반 일반	93
班 bān	반 나눌	144
板 bǎn	판 판자	89
办 bàn	판 힘쓸	73
半 bàn	반 반	82
帮 bāng	방 도울	62
包 bāo	포 쌀	103
宝 bǎo	보 보배	175
保 bǎo	보 보전할	63
报 bào	보 알릴	51
背 bēi/bèi	배 등	143
北 běi/bèi	북 북녘	52
被 bèi	피 이불	54
备 bèi	비 갖출	84
本 běn	본 근본	26
比 bǐ	비 견줄	36
必 bì	필 반드시	54
编 biān	편 맬	168
边 biān/bian	변 가	51
辨 biàn	변 나눌	174
便 biàn/pián	편 편할	42
标 biāo	표 표할	94
表 biǎo	표 겉	35
别 bié	별 다를	50
兵 bīng	병 군사	88
并 bìng	병 나란히	58
病 bìng	병 병	86
波 bō	파 물결	141
播 bō	파 뿌릴	164
补 bǔ	보 기울	173
步 bù	보 걸을	70
部 bù	부 나눌	25
布 bù	포 베	69
不 bù/bú	불 아니	10

C

| 材 cái | 재 재목 | 130 |
| 才 cái | 재 재주 | 54 |

财	cái	재	재물 …………	126	础	chǔ	초	주춧돌 ………… 170
采	cǎi	채	캘 …………	92	处	chù/chǔ	처	곳 ………… 64
菜	cài	채	나물 …………	160	穿	chuān	천	뚫을 ………… 128
参	cān	참	참가할 …………	85	船	chuán	선	배 ………… 102
草	cǎo	초	풀 …………	102	传	chuán	전	전할 ………… 84
策	cè	책	꾀 …………	138	床	chuáng	상	평상 ………… 145
测	cè	측	잴 …………	158	创	chuàng/chuāng	창	비롯할 ………… 128
层	céng	층	층 …………	112	春	chūn	춘	봄 ………… 130
曾	céng	증	일찍 …………	107	此	cǐ	차	이 ………… 34
差	chā/chà/chāi	차	어긋날 …………	111	次	cì	차	차례 ………… 41
查	chá	사	조사할 …………	106	从	cóng	종	쫓을 ………… 25
茶	chá	차/다	차 …………	152	促	cù	촉	절박할 ………… 168
察	chá	찰	살필 …………	140	村	cūn	촌	마을 ………… 107
产	chǎn	산	낳을 …………	23	存	cún	존	있을 ………… 110
常	cháng	상	항상 …………	44	错	cuò	착	섞일 ………… 127
场	cháng	장	마당 …………	65				
长	cháng/zhǎng	장	길 …………	25				
厂	chǎng	창	헛간 …………	87				

D

唱	chàng	창	부를 …………	160	答	dá	답	대답할 ………… 117
超	chāo	초	뛰어넘을 …………	160	达	dá	달	통할 ………… 69
潮	cháo	조	조수 …………	170	打	dǎ	타	칠 ………… 46
车	chē	차/거	수레 …………	57	大	dà/dài	대	클 ………… 11
陈	chén	진	진 …………	163	代	dài	대	대신할 ………… 41
称	chēng	칭	일컬을 …………	119	带	dài	대	띠 ………… 66
成	chéng	성	이룰 …………	20	待	dài	대	기다릴 ………… 122
城	chéng	성	성 …………	105	单	dān	단	홑 ………… 78
承	chéng	승	받들 …………	138	担	dān/dàn	담	멜 ………… 147
程	chéng	정	한도 …………	71	但	dàn	단	다만 ………… 35
吃	chī	흘	먹을 …………	56	弹	dàn/tán	탄	탄알 ………… 164
持	chí	지	가질 …………	75	当	dāng/dàng	당	마땅할 ………… 30
尺	chǐ	척	자 …………	124	党	dǎng	당	무리 ………… 42
充	chōng	충	찰 …………	132	刀	dāo	도	칼 ………… 121
冲	chōng	충	찌를 …………	158	导	dǎo	도	이끌 ………… 63
虫	chóng	충	벌레 …………	130	倒	dǎo/dào	도	넘어질 ………… 90
出	chū	출	날 …………	16	到	dào	도	이를 ………… 13
初	chū	초	처음 …………	120	道	dào	도	길 ………… 17
除	chú	제	덜 …………	90	的	de/dí/dì	적	과녁 ………… 10

195

德 dé	덕 덕 ································· 85
得 dé/děi/de	득 얻을 ··························· 16
灯 dēng	등 등잔 ··························· 153
登 dēng	등 오를 ··························· 159
等 děng	등 무리 ··························· 27
低 dī	저 낮을 ··························· 94
底 dǐ	저 밑 ································· 113
抵 dǐ	저 막을 ··························· 172
第 dì	제 차례 ··························· 33
弟 dì	제 아우 ··························· 116
帝 dì	제 임금 ··························· 121
敌 dí	적 원수 ··························· 115
地 dì/de	지 땅 ································· 13
点 diǎn	점 점 ································· 31
电 diàn	전 번개 ··························· 27
掉 diào	도 흔들 ··························· 148
调 diào/tiáo	조 고를 ··························· 74
顶 dǐng	정 꼭대기 ······················· 144
定 dìng	정 정할 ··························· 26
东 dōng	동 동녘 ··························· 47
冬 dōng	동 겨울 ··························· 173
动 dòng	동 움직일 ······················· 18
洞 dòng	동 골 ································· 176
都 dōu/dū	도 도읍 ··························· 22
斗 dòu	투 싸울 ··························· 66
毒 dú	독 독 ································· 175
读 dú	독 읽을 ··························· 128
独 dú	독 홀로 ··························· 129
度 dù	도 법도 ··························· 33
端 duān	단 끝 ································· 128
短 duǎn	단 짧을 ··························· 140
断 duàn	단 끊을 ··························· 91
段 duàn	단 구분 ··························· 107
对 duì	대 대답할 ······················· 19
队 duì	대 무리 ··························· 44
多 duō	다 많을 ··························· 17
夺 duó	탈 빼앗을 ······················· 165

E

阿 ē	아 언덕 ··························· 112
恶 è/ě/wù	악 악할 ··························· 150
恩 ēn	은 은혜 ··························· 133
儿 ér	아 아이 ··························· 36
而 ér	이 말이을 ······················· 24
二 èr	이 두 ································· 19

F

发 fā/fà	발 필 ································· 18
法 fǎ	법 법 ································· 25
翻 fān	번 날 ································· 168
反 fǎn	반 돌이킬 ······················· 45
饭 fàn	반 밥 ································· 143
范 fàn	범 법 ································· 152
犯 fàn	범 범할 ··························· 168
方 fāng	방 모 ································· 21
房 fáng	방 방 ································· 95
防 fáng	방 막을 ··························· 104
访 fǎng	방 찾을 ··························· 152
放 fàng	방 놓을 ··························· 47
非 fēi	비 아닐 ··························· 68
飞 fēi	비 날 ································· 96
肥 féi	비 살찔 ··························· 160
费 fèi	비 쓸 ································· 107
芬 fēn	분 향내날 ······················· 140
分 fēn	분 나눌 ··························· 22
粉 fěn	분 가루 ··························· 156
封 fēng	봉 봉할 ··························· 142
风 fēng	풍 바람 ··························· 70
丰 fēng	풍 풍년 ··························· 174
否 fǒu	부 아닐 ··························· 158
夫 fū	부 지아비 ······················· 69
福 fú	복 복 ································· 146

服 fú	복 옷 · · · · · · 83	功 gōng	공 공로 · · · · · · 102
府 fǔ	부 고을 · · · · · · 79	工 gōng	공 장인 · · · · · · 17
妇 fù	부 지어미 · · · · · · 105	共 gòng	공 함께 · · · · · · 56
父 fù	부 아비 · · · · · · 108	构 gòu	구 얽을 · · · · · · 134
富 fù	부 넉넉할 · · · · · · 114	够 gòu	구 많을 · · · · · · 95
负 fù	부 질 · · · · · · 121	果 guǒ	과 실과 · · · · · · 45
副 fù	부 버금 · · · · · · 124	姑 gū	고 시어미 · · · · · · 122
付 fù	부 줄 · · · · · · 134	古 gǔ	고 옛 · · · · · · 93
复 fù	복 다시 · · · · · · 87	鼓 gǔ	고 북 · · · · · · 161
		骨 gǔ	골 뼈 · · · · · · 170
		顾 gù	고 돌아볼 · · · · · · 164
		固 gù	고 굳을 · · · · · · 120

G

该 gāi	해 갖출 · · · · · · 80	故 gù	고 예 · · · · · · 101
改 gǎi	개 고칠 · · · · · · 56	怪 guài	괴 의심할 · · · · · · 149
概 gài	개 대개 · · · · · · 172	关 guān	관 빗장 · · · · · · 34
干 gān/gàn	간 방패 · · · · · · 55	官 guān	관 벼슬 · · · · · · 81
赶 gǎn	간 달릴 · · · · · · 138	观 guān	관 볼 · · · · · · 73
感 gǎn	감 느낄 · · · · · · 93	管 guǎn	관 피리 · · · · · · 64
敢 gǎn	감 어찌 · · · · · · 129	馆 guǎn	관 객사 · · · · · · 163
刚 gāng	강 굳셀 · · · · · · 132	光 guāng	광 빛 · · · · · · 59
钢 gāng	강 강철 · · · · · · 155	广 guǎng	광 넓을 · · · · · · 75
港 gǎng	항 항구 · · · · · · 176	规 guī	규 법 · · · · · · 83
高 gāo	고 높을 · · · · · · 29	归 guī	귀 돌아갈 · · · · · · 127
搞 gǎo	고 두드릴 · · · · · · 159	贵 guì	귀 귀할 · · · · · · 156
告 gào	고 알릴 · · · · · · 85	国 guó	국 나라 · · · · · · 12
哥 gē	가 형 · · · · · · 100	过 guò/guo	과 지날 · · · · · · 18
歌 gē	가 노래 · · · · · · 159		
革 gé	혁 가죽 · · · · · · 46		
格 gé	격 격식 · · · · · · 91		

H

各 gè	각 각각 · · · · · · 35	哈 hā	합 마실 · · · · · · 161
个 gè/ge	개 낱 · · · · · · 12	孩 hái	해 어린아이 · · · · · · 79
给 gěi/jǐ	급 줄 · · · · · · 44	海 hǎi	해 바다 · · · · · · 58
根 gēn	근 뿌리 · · · · · · 66	害 hài	해 해칠 · · · · · · 94
跟 gēn	근 발꿈치 · · · · · · 100	喊 hǎn	함 소리칠 · · · · · · 50
更 gēng/gèng	경 고칠 · · · · · · 66	含 hán	함 머금을 · · · · · · 149
供 gōng/gòng	공 이바지할 · · · · · · 115	汉 hàn	한 나라 · · · · · · 149
公 gōng	공 공변될 · · · · · · 37	毫 háo	호 터럭 · · · · · · 147

197

好 hǎo/hào	호 좋을	18	货 huò	화 재화	137
号 hào	호 이름	81	获 huò	획 얻을	137
何 hé	하 어찌	68	或 huò	혹 혹	49
河 hé	하 하천	89	婚 hūn	혼 혼인할	87
合 hé	합 합할	32			
核 hé	핵 씨	173			
和 hé/huo	화 화목할	12			

J

黑 hēi	흑 검을	107	激 jī	격 부딪칠	147
很 hěn	흔 매우	29	击 jī	격 칠	117
红 hóng	홍 붉을	105	鸡 jī	계 닭	172
后 hòu	후 뒤	21	积 jī	적 쌓을	86
候 hòu	후 물을	97	机 jī	기 틀	32
忽 hū	홀 소홀히 할	168	基 jī	기 터	61
乎 hū	호 어조사	145	极 jí	극 다할	61
呼 hū	호 부를	141	即 jí	즉 곧	77
互 hù	호 서로	142	级 jí	급 등급	40
户 hù	호 지게	162	急 jí	급 급할	116
护 hù	호 지킬	114	及 jí	급 미칠	52
花 huā	화 꽃	63	集 jí	집 모일	86
滑 huá	활 미끄러질	111	己 jǐ	기 몸	44
华 huá	화 화려할	55	几 jǐ/jī	기 기미	40
画 huà	화 그림	134	季 jì	계 철	172
化 huà	화 될	35	继 jì	계 이을	120
话 huà	화 이야기	38	计 jì	계 셀	56
划 huà/huá	획 그을	112	记 jì	기 기록할	61
坏 huài	괴 무너질	121	技 jì	기 재주	84
欢 huān	환 기뻐할	110	纪 jì	기 법	112
环 huán	환 고리	145	济 jì	제 건널	56
换 huàn	환 바꿀	125	际 jì	제 끝	76
还 huán/hái	환 돌아올	23	既 jì	기 이미	116
黄 huáng	황 누를	108	家 jiā	가 집	21
挥 huī	휘 휘두를	165	加 jiā	가 더할	30
回 huí	회 돌아올	40	假 jiǎ/jià	가 거짓	146
会 huì	회 모일	15	架 jià	가 시렁	167
活 huó	활 살	20	价 jià	가 값	99
火 huǒ	화 불	71	间 jiān	간 사이	36
伙 huǒ	화 세간	152	奸 jiān	간 간악할	71

198

监 jiān	감 살필 119	京 jīng	경 서울 81
坚 jiān	견 굳을 111	精 jīng	정 찧을 83
渐 jiān/jiàn	점 번질 120	惊 jīng	경 놀랄 164
简 jiǎn	간 대쪽 122	景 jǐng	경 경치 164
检 jiǎn	검 조사할 151	竟 jìng	경 끝날 172
减 jiǎn	감 덜 138	境 jìng	경 지경 155
件 jiàn	건 사건 58	镜 jìng	경 거울 155
见 jiàn	견 볼 26	敬 jìng	경 공경할 163
建 jiàn	건 세울 45	静 jìng	정 조용할 167
江 jiāng	강 강 106	究 jiū	구 궁구할 67
将 jiāng/jiàng	장 장차 38	久 jiǔ	구 오랠 126
讲 jiǎng	강 이야기할 84	九 jiǔ	구 아홉 37
降 jiàng/xiáng	강 내릴 136	酒 jiǔ	주 술 134
交 jiāo	교 사귈 69	就 jiù	취 이룰 14
角 jiǎo/jué	각 뿔 99	旧 jiù	구 옛날 123
脚 jiǎo	각 다리 125	救 jiù	구 구원할 137
较 jiào	교 비교할 74	居 jū	거 살 141
叫 jiào	규 부르짖을 49	局 jú	국 판 77
教 jiào/jiāo	교 가르칠 41	举 jǔ	거 들 77
阶 jiē	계 층계 51	巨 jù	거 클 153
接 jiē	접 접할 55	据 jù	거 의거할 70
结 jié	결 맺을 41	具 jù	구 갖출 85
节 jié	절 마디 83	句 jù	구 귀절 138
解 jiě	해 풀 49	绝 jué	절 끊을 135
姐 jiě	저 누이 127	决 jué	결 결단할 52
界 jiè	계 지경 57	觉 jué/jiào	각 깨달을 76
借 jiè	차 빌릴 144	军 jūn	군 군사 42
斤 jīn	근 도끼 150	君 jūn	군 임금 135
今 jīn	금 이제 39	均 jūn	균 고를 123
金 jīn	금 쇠 60		
仅 jǐn	근 겨우 131		
紧 jǐn	긴 긴할 96		

K

尽 jǐn/jìn	진 다할 111	开 kāi	개 열 27
进 jìn	진 나아갈 24	看 kàn/kān	간 볼 23
近 jìn	근 가까울 67	抗 kàng	항 막을 129
劲 jìn/jìng	경 굳셀 171	考 kǎo	고 생각할 133
经 jīng	경 날 22	靠 kào	고 기댈 125

科 kē	과 조목 ················ 63	利 lì	리 이로울 ············· 39
可 kě	가 옳을 ················ 14	力 lì	력 힘 ···················· 27
刻 kè	각 새길 ················ 110	历 lì	력 지낼 ················ 88
课 kè	과 시험할 ············· 164	例 lì	례 본보기 ············· 116
克 kè	극 이길 ················ 81	立 lì	립 설 ···················· 46
客 kè	객 손 ···················· 113	联 lián	련 연할 ················ 60
肯 kěn	긍 즐길 ················ 144	连 lián	련 이을 ················ 76
空 kōng/kòng	공 빌 ···················· 78	脸 liǎn	검 뺨 ···················· 142
恐 kǒng	공 두려워할 ········ 156	练 liàn	련 익힐 ················ 155
孔 kǒng	공 구멍 ················ 117	粮 liáng	량 곡식 ················ 167
口 kǒu	구 입 ···················· 43	良 liáng	량 어질 ················ 120
哭 kū	곡 곡할 ················ 156	两 liǎng	량 두 ···················· 26
苦 kǔ	고 쓸 ···················· 100	亮 liàng	량 밝을 ················ 159
块 kuài	괴 흙덩이 ············ 108	量 liàng/liáng	량 헤아릴 ············· 39
快 kuài	쾌 쾌할 ················ 62	了 liǎo/le	료 마칠 ················ 10
宽 kuān	관 너그러울 ········ 126	料 liào	료 헤아릴 ············· 68
款 kuǎn	관 정성 ················ 117	烈 liè	렬 굳셀 ················ 154
矿 kuàng	광 쇳돌 ················ 132	列 liè	렬 줄 ···················· 97
况 kuàng	황 하물며 ············· 90	林 lín	림 수풀 ················ 76
困 kùn	곤 궁할 ················ 145	零 líng	령 떨어질 ············ 148
		领 lǐng	령 거느릴 ············ 60
		另 lìng	령 딴 ···················· 137
		令 lìng	령 명령할 ············· 127

L

拉 lā	랍 끌 ···················· 70	留 liú	류 머무를 ············· 115
啦 lā	랍 어조사 ············· 123	流 liú	류 흐를 ················ 60
来 lái	래 올 ···················· 12	六 liù	륙 여섯 ················ 42
兰 lán	란 난초 ················ 153	露 lù	로 이슬 ················ 158
劳 láo	로 수고할 ············· 65	路 lù	로 길 ···················· 42
老 lǎo	로 늙을 ················ 30	录 lù	록 적을 ················ 176
乐 lè/yuè	락 즐거울 ············ 108	旅 lǚ	려 나그네 ············· 127
类 lèi	류 무리 ················ 77	律 lǜ	률 법 ···················· 113
冷 lěng	랭 찰 ···················· 130	乱 luàn	란 어지러울 ········ 144
离 lí	리 떠날 ················ 92	略 lüè	략 간략할 ············· 132
礼 lǐ	례 예 ···················· 157	论 lùn	론 논할 ················ 46
李 lǐ	리 오얏 ················ 136	轮 lùn	륜 바퀴 ················ 117
里 lǐ	리 안 ···················· 19	罗 luó	라 그물 ················ 154
理 lǐ	리 다스릴 ············· 31	落 luò	락 떨어질 ············ 101

M

吗 ma	마 의문 조사 · · · · · · 90
妈 mā	마 어미 · · · · · · 113
马 mǎ	마 말 · · · · · · 57
买 mǎi	매 살 · · · · · · 108
卖 mài	매 팔 · · · · · · 135
麦 mài	맥 보리 · · · · · · 158
满 mǎn	만 찰 · · · · · · 104
慢 màn	만 게으를 · · · · · · 146
忙 máng	망 바쁠 · · · · · · 119
毛 máo	모 털 · · · · · · 78
么 me	마 그런가 · · · · · · 27
没 méi/mò	몰 빠질 · · · · · · 24
美 měi	미 아름다울 · · · · · · 53
每 měi	매 매양 · · · · · · 65
妹 mèi	매 누이 · · · · · · 163
们 men	문 들 · · · · · · 12
门 mén	문 문 · · · · · · 25
猛 měng	맹 사나울 · · · · · · 150
米 mǐ	미 쌀 · · · · · · 72
密 mì	밀 빽빽할 · · · · · · 122
棉 mián	면 목화 · · · · · · 165
免 miǎn	면 면할 · · · · · · 126
面 miàn	면 얼굴 · · · · · · 21
灭 miè	멸 다할 · · · · · · 166
民 mín	민 백성 · · · · · · 21
名 míng	명 이름 · · · · · · 48
明 míng	명 밝을 · · · · · · 32
命 mìng	명 목숨 · · · · · · 37
磨 mó/mò	마 갈 · · · · · · 171
模 mó/mú	모 법 · · · · · · 151
某 mǒu	모 아무 · · · · · · 129
母 mǔ	모 어미 · · · · · · 74
木 mù	목 나무 · · · · · · 99
目 mù	목 눈 · · · · · · 62

N

拿 ná	나 잡을 · · · · · · 83
哪 nǎ	나 어찌 · · · · · · 92
那 nà	나 어찌 · · · · · · 17
奶 nǎi	내 젖 · · · · · · 161
男 nán	남 사내 · · · · · · 124
南 nán	남 남녘 · · · · · · 55
难 nán/nàn	난 어려울 · · · · · · 63
脑 nǎo	뇌 머릿골 · · · · · · 154
闹 nào	료 시끄러울 · · · · · · 171
呢 ne	니 소곤거릴 · · · · · · 68
内 nèi	내 안 · · · · · · 38
能 néng	능 능할 · · · · · · 19
尼 ní	니 여승 · · · · · · 149
你 nǐ	니 당신 · · · · · · 16
您 nín	닌 당신 · · · · · · 145
年 nián	년 해 · · · · · · 16
念 niàn	념 생각할 · · · · · · 101
娘 niáng	낭 어미 · · · · · · 139
牛 niú	우 소 · · · · · · 151
农 nóng	농 농사 · · · · · · 48
弄 nòng	롱 희롱할 · · · · · · 174
努 nǔ	노 힘쓸 · · · · · · 155
女 nǚ	녀 계집 · · · · · · 47

O

| 欧 ōu | 구 구라파 · · · · · · 159 |

P

怕 pà	파 두려울 · · · · · · 104
排 pái	배 늘어설 · · · · · · 123
派 pài	파 갈라질 · · · · · · 114
判 pàn	판 가를 · · · · · · 129

旁 páng	방 곁 ········· 154	侵 qīn	침 침노할 ········· 172
跑 pǎo	포 달릴 ········· 111	轻 qīng	경 가벼울 ········· 118
培 péi	배 북돋울 ········· 165	青 qīng	청 푸를 ········· 82
配 pèi	배 짝 ········· 125	清 qīng	청 맑을 ········· 75
朋 péng	붕 벗 ········· 136	晴 qíng	청 갤 ········· 152
批 pī	비 칠 ········· 79	情 qíng	정 뜻 ········· 40
皮 pí	피 가죽 ········· 115	请 qǐng	청 청할 ········· 74
片 piàn	편 조각 ········· 98	球 qiú	구 공 ········· 89
票 piào	표 쪽지 ········· 165	求 qiú	구 구할 ········· 53
品 pǐn	품 물건 ········· 59	区 qū	구 지경 ········· 55
瓶 píng	병 병 ········· 143	曲 qū/qǔ	곡 굽을 ········· 167
凭 píng	빙 기댈 ········· 147	取 qǔ	취 취할 ········· 54
平 píng	평 평평할 ········· 39	去 qù	거 갈 ········· 17
评 píng	평 품평할 ········· 151	权 quán	권 권세 ········· 78
破 pò	파 깨질 ········· 97	全 quán	전 온전할 ········· 14
普 pǔ	보 넓을 ········· 143	缺 quē	결 이지러질 ········· 162
		确 què	확 굳을 ········· 94
		却 què	각 물리칠 ········· 72
		群 qún	군 무리 ········· 73

Q

七 qī	칠 일곱 ········· 43
期 qī	기 기약할 ········· 47
齐 qí	제 가지런할 ········· 146
奇 qí	기 기수 ········· 138
其 qí	기 그 ········· 34
起 qǐ	기 일어날 ········· 23
企 qǐ	기 도모할 ········· 112
气 qì	기 기운 ········· 37
器 qì	기 그릇 ········· 73
汽 qì	기 김 ········· 136
千 qiān	천 일천 ········· 62
前 qián	전 앞 ········· 24
钱 qián	전 돈 ········· 84
强 qiáng/qiǎng	강 강할 ········· 59
桥 qiáo	교 다리 ········· 147
切 qiē/qiè	절 끊을 ········· 73
且 qiě	차 또 ········· 67
亲 qīn	친 친할 ········· 66

R

然 rán	연 그러할 ········· 34
让 ràng	양 사양할 ········· 115
热 rè	열 더울 ········· 68
人 rén	인 사람 ········· 11
认 rèn	인 알 ········· 64
任 rèn	임 맡길 ········· 61
仍 réng	잉 인할 ········· 133
日 rì	일 날 ········· 21
容 róng	용 얼굴 ········· 101
肉 ròu	육 고기 ········· 150
如 rú	여 같을 ········· 27
入 rù	입 들 ········· 44
若 ruò	약 같을 ········· 91

S

赛 sài	새 굿할	99	食 shí	식 먹을	96
三 sān	삼 석	20	始 shǐ	시 처음	100
散 sàn	산 흩을	150	使 shǐ	사 부릴	32
色 sè	색 색	72	史 shǐ	사 역사	96
杀 shā	살 죽일	150	事 shì	사 일	20
山 shān	산 뫼	49	士 shì	사 선비	93
善 shàn	선 착할	145	势 shì	세 기세	89
伤 shāng	상 다칠	137	是 shì	시 옳을	10
商 shāng	상 장사	78	市 shì	시 저자	62
尚 shàng	상 숭상할	169	示 shì	시 보일	86
上 shàng	상 위	11	试 shì	시 시험할	103
烧 shāo	소 불사를	153	视 shì	시 볼	109
少 shǎo/shào	소 적을	46	世 shì	세 인간	53
射 shè	사 쏠	153	式 shì	식 법	72
社 shè	사 모일	28	室 shì	실 집	143
设 shè	설 베풀	58	适 shì	적 맞을	124
谁 shéi	수 누구	123	收 shōu	수 거둘	67
深 shēn	심 깊을	63	手 shǒu	수 손	39
身 shēn	신 몸	55	首 shǒu	수 머리	98
神 shén	신 귀신	81	守 shǒu	수 지킬	130
什 shén	십 열사람	36	受 shòu	수 받을	61
甚 shèn	심 심할	91	书 shū	서 글	57
声 shēng	성 소리	52	输 shū	수 보낼	154
生 shēng	생 날	15	熟 shú	숙 익을	165
升 shēng	승 오를	155	鼠 shǔ	서 쥐	169
胜 shèng	승 이길	88	属 shǔ	속 무리	122
师 shī	사 스승	78	数 shǔ/shù	수 셀	48
施 shī	시 베풀	114	束 shù	속 묶을	167
失 shī	실 잃을	97	术 shù	술 꾀	68
识 shí	식 알	76	述 shù	술 말할	149
实 shí	실 열매	28	树 shù	수 나무	84
十 shí	십 열	15	耍 shuǎ	사 희롱할	53
石 shí	석 돌	69	率 shuài/lǜ	솔 거느릴	118
时 shí	시 때	14	双 shuāng	쌍 쌍	99
			水 shuǐ	수 물	28
			睡 shuì	수 잠잘	175
			顺 shùn	순 순할	174

203

说 shuō	설 말씀 ············ 13	题 tí	제 표제 ············ 44
司 sī	사 맡을 ············ 110	体 tǐ	체 몸 ············ 33
思 sī	사 생각할 ············ 58	替 tì	체 바꿀 ············ 154
斯 sī	사 이 ············ 85	天 tiān	천 하늘 ············ 19
丝 sī	사 실 ············ 157	田 tián	전 밭 ············ 105
死 sǐ	사 죽을 ············ 77	条 tiáo	조 가지 ············ 50
似 sì	사 같을 ············ 104	跳 tiào	도 뛸 ············ 135
四 sì	사 넉 ············ 31	铁 tiě	철 쇠 ············ 88
松 sōng	송 더벅머리 ············ 166	听 tīng	청 들을 ············ 53
送 sòng	송 보낼 ············ 102	停 tíng	정 멈출 ············ 141
苏 sū	소 소생 ············ 98	通 tōng	통 통할 ············ 48
素 sù	소 흴 ············ 132	同 tóng	동 같을 ············ 20
速 sù	속 빠를 ············ 91	统 tǒng	통 거느릴 ············ 64
诉 sù	소 아뢸 ············ 139	痛 tòng	통 아파할 ············ 160
酸 suān	산 초 ············ 157	投 tóu	투 던질 ············ 109
算 suàn	산 셀 ············ 74	头 tóu/tou	두 머리 ············ 31
虽 suī	수 비록 ············ 103	突 tū	돌 부딪칠 ············ 156
随 suí	수 따를 ············ 107	图 tú	도 그림 ············ 65
遂 suì	수 이룰 ············ 135	土 tǔ	토 흙 ············ 74
岁 suì	세 해 ············ 131	团 tuán	단 둥글 ············ 71
孙 sūn	손 손자 ············ 173	推 tuī	추 밀 ············ 97
所 suǒ	소 바 ············ 23	退 tuì	퇴 물러날 ············ 161
		托 tuō	탁 맡길 ············ 175
		脱 tuō	탈 벗을 ············ 169

T

他 tā	타 남 ············ 12		
它 tā	타 다를 ············ 51		
她 tā	타 그녀 ············ 52		# W
台 tái	대 대 ············ 92		
太 tài	태 클 ············ 20	外 wài	외 밖 ············ 29
态 tài	태 모양 ············ 131	玩 wán	완 희롱할 ············ 160
谈 tán	담 이야기 ············ 86	完 wán	완 완전할 ············ 45
堂 táng	당 집 ············ 162	晚 wǎn	만 늦을 ············ 94
讨 tǎo	토 칠 ············ 147	万 wàn	만 일만 ············ 50
套 tào	투 씌울 ············ 169	王 wáng	왕 임금 ············ 80
特 tè	특 특별할 ············ 56	往 wǎng	왕 갈 ············ 79
提 tí	제 끌 ············ 49	望 wàng	망 바라볼 ············ 73
		威 wēi	위 위엄 ············ 171
		危 wēi	위 위태할 ············ 159

204

微 wēi	미 작을	137	夏 xià	하 여름	166
维 wéi	유 맬	116	先 xiān	선 먼저	43
围 wéi	위 둘레	112	显 xiǎn	현 밝을	123
为 wéi/wèi	위 행할	13	鲜 xiān/xiǎn	선 고울	148
未 wèi	미 아닐	80	线 xiàn	선 실	49
伟 wěi	위 클	170	险 xiǎn	험 험할	163
委 wěi	위 맡길	72	现 xiàn	현 지금	26
卫 wèi	위 지킬	135	县 xiàn	현 고을	92
位 wèi	위 자리	41	限 xiàn	한 한정	141
味 wèi	미 맛	166	效 xiào	효 본받을	110
温 wēn	온 따뜻할	98	相 xiāng	상 서로	37
闻 wén	문 들을	129	香 xiāng	향 향기	152
文 wén	문 글월	46	乡 xiāng	향 시골	134
问 wèn	문 물을	47	想 xiǎng	상 생각할	33
我 wǒ	아 나	11	响 xiǎng	향 울릴	110
屋 wū	옥 집	113	像 xiàng	상 모양	114
无 wú	무 없을	32	象 xiàng	상 코끼리	43
午 wǔ	오 낮	130	向 xiàng	향 향할	31
五 wǔ	오 다섯	28	项 xiàng	항 항목	102
武 wǔ	무 굳셀	111	巷 xiàng/hàng	항 거리	158
务 wù	무 힘쓸	60	消 xiāo	소 사라질	95
误 wù	오 그릇될	157	小 xiǎo	소 작을	14
物 wù	물 물건	33	笑 xiào	소 웃을	89
			校 xiào/jiào	교 학교	80

X

西 xī	서 서녘	38	些 xiē	사 적을	30
吸 xī	흡 마실	146	协 xié	협 합할	125
希 xī	희 바랄	106	写 xiě	사 베낄	92
息 xī	식 숨쉴	118	谢 xiè	사 사례할	161
习 xí	습 익힐	82	心 xīn	심 마음	28
席 xí	석 자리	80	新 xīn	신 새	26
喜 xǐ	희 기쁠	98	信 xìn	신 믿을	67
戏 xì	희 놀	149	星 xīng	성 별	121
系 xì	계 이을	50	兴 xīng/xìng	흥 일	95
细 xì	세 가늘	94	形 xíng	형 형상	51
下 xià	하 아래	15	型 xíng	형 거푸집	109
			行 xíng/háng	행 갈	19
			省 xǐng/shěng	성 살필	70

205

性 xìng	성 성품	41	野 yě	야 들	157
兄 xiōng	형 형	174	夜 yè	야 밤	122
修 xiū	수 닦을	105	液 yè	액 즙	151
需 xū	수 구할	101	业 yè	업 업	29
须 xū	수 모름지기	82	叶 yè	엽 잎	118
许 xǔ	허 허락할	59	依 yī	의 의지할	140
续 xù	속 이을	108	医 yī	의 의원	120
宣 xuān	선 베풀	131	衣 yī/yì	의 옷	109
选 xuǎn	선 가릴	88	一 yī/yí/yì	일 한	10
削 xuē/xiāo	삭 깎을	157	移 yí	이 옮길	163
学 xué	학 배울	17	以 yǐ	이 써	13
血 xuè	혈 피	146	已 yǐ	이 이미	50
迅 xùn	신 빠를	174	艺 yì	예 재주	125
训 xùn	훈 가르칠	161	义 yì	의 옳을	30
			议 yì	의 의논할	57

Y

			意 yì	의 뜻	32
			异 yì	이 다를	168
压 yā	압 누를	76	易 yì	이 쉬울	81
呀 yā	하 입벌릴	93	益 yì	익 더할	128
亚 yà	아 버금	87	银 yín	은 은	105
烟 yān	연 연기	133	音 yīn	음 소리	103
言 yán	언 말씀	91	因 yīn	인 인할	31
严 yán	엄 엄할	117	引 yǐn	인 끌	100
研 yán/yàn	연 갈	65	印 yìn	인 도장	148
眼 yǎn	안 눈	69	英 yīng	영 꽃부리	98
演 yǎn	연 흐를	143	应 yīng/yìng	응 응할	35
验 yàn	험 증험할	83	迎 yíng	영 맞이할	162
央 yāng	앙 가운데	142	营 yíng	영 경영할	119
洋 yáng	양 바다	104	影 yǐng	영 그림자	90
扬 yáng	양 오를	118	永 yǒng	영 길	175
阳 yáng	양 볕	113	用 yòng	용 쓸	16
养 yǎng	양 기를	104	优 yōu	우 뛰어날	140
样 yàng	양 모양	24	尤 yóu	우 더욱	169
药 yào	약 약	136	由 yóu	유 말미암을	38
要 yào/yāo	요 구할	15	油 yóu	유 기름	72
爷 yé	야 아비	141	游 yóu	유 헤엄칠	95
也 yě	야 어조사	15	有 yǒu	유 있을	11

206

友	yǒu	우	벗 ………………	86	则 zé	칙	법칙 ………………	65
又	yòu	우	또 ………………	25	责 zé	책	꾸짖을 ……………	119
右	yòu	우	오른 ……………	139	怎 zěn	즘	어찌 ……………	67
鱼	yú	어	물고기 …………	103	增 zēng	증	더할 ……………	71
于	yú	우	어조사 …………	22	占 zhàn/zhān	점	차지할 …………	136
雨	yǔ	우	비 ………………	119	展 zhǎn	전	펼 ………………	48
语	yǔ	어	말씀 ……………	133	战 zhàn	전	싸울 ……………	45
与	yǔ/yù	여	줄 ………………	38	站 zhàn	참	우두커니 설 ……	106
余	yú	여	남을 ……………	127	张 zhāng	장	펼 ………………	75
预	yù	예	미리 ……………	131	章 zhāng	장	글 ………………	142
玉	yù	옥	옥 ………………	171	掌 zhǎng	장	손바닥 …………	166
遇	yù	우	만날 ……………	173	朝 zhāo/cháo	조	아침 ……………	118
育	yù	육	기를 ……………	58	找 zhǎo	조	찾을 ……………	79
圆	yuán	원	둥글 ……………	131	照 zhào	조	비출 ……………	81
员	yuán	원	인원 ……………	39	着 zhe/zháo/zhuó	착	붙을 ……………	24
原	yuán	원	근원 ……………	42	者 zhě	자	놈 ………………	36
元	yuán	원	으뜸 ……………	75	这 zhè	저	이 ………………	11
源	yuán	원	근원 ……………	132	针 zhēn	침	바늘 ……………	153
园	yuán	원	동산 ……………	171	真 zhēn	진	참 ………………	47
远	yuǎn	원	멀 ………………	93	争 zhēng	쟁	다툴 ……………	52
院	yuàn	원	담 ………………	89	整 zhěng	정	가지런할 ………	88
愿	yuàn	원	바랄 ……………	109	正 zhèng	정	바를 ……………	33
约	yuē	약	묶을 ……………	80	政 zhèng	정	정사 ……………	29
月	yuè	월	달 ………………	29	证 zhèng	증	증명할 …………	99
越	yuè	월	넘을 ……………	87	知 zhī	지	알 ………………	34
云	yún	운	구름 ……………	124	支 zhī	지	지탱할 …………	87
运	yùn	운	옮길 ……………	54	枝 zhī	지	가지 ……………	176
					之 zhī	지	갈 ………………	22
Z					织 zhī	직	짤 ………………	85
					职 zhí	직	구실 ……………	106
杂	zá	잡	섞일 ……………	140	直 zhí	직	곧을 ……………	59
在	zài	재	있을 ……………	10	执 zhí	집	잡을 ……………	173
再	zài	재	다시 ……………	53	值 zhí	치	값 ………………	116
载	zài/zǎi	재	실을 ……………	170	植 zhí	식	심을 ……………	156
赞	zàn	찬	도울 ……………	167	指 zhǐ	지	가리킬 …………	62
早	zǎo	조	이를 ……………	82	纸 zhǐ	지	종이 ……………	142
造	zào	조	지을 ……………	59	止 zhǐ	지	그칠 ……………	106

只	zhǐ/zhī	지	다만	28	装	zhuāng	장	꾸밀	79
志	zhì	지	뜻	64	庄	zhuāng	장	별장	175
至	zhì	지	이를	66	转	zhuǎn/zhuàn	전	구를	82
制	zhì	제	지을	34	状	zhuàng	상	모양	109
治	zhì	치	다스릴	60	壮	zhuàng	장	씩씩할	148
致	zhì	치	이를	124	追	zhuī	추	쫓을	126
置	zhì	치	둘	128	准	zhǔn	준	허가할	90
质	zhì	질	바탕	61	资	zī	자	재물	48
钟	zhōng	종	종	148	子	zǐ/zi	자	아들	14
终	zhōng	종	끝	139	自	zì	자	스스로	18
中	zhōng/zhòng	중	가운데	13	字	zì	자	글	71
种	zhǒng/zhòng	종	씨	22	总	zǒng	총	거느릴	43
众	zhòng	중	무리	70	走	zǒu	주	달릴	43
重	zhòng/chóng	중	무거울	35	祖	zǔ	조	할아비	169
周	zhōu	주	두루	97	组	zǔ	조	짤	57
洲	zhōu	주	섬	126	足	zú	족	발	96
州	zhōu	주	고을	139	族	zú	족	겨레	100
诸	zhū	제	모두	144	嘴	zuǐ	취	부리	170
主	zhǔ	주	주인	16	罪	zuì	죄	허물	151
注	zhù	주	물댈	96	最	zuì	최	가장	40
住	zhù	주	머무를	64	左	zuǒ	좌	왼	133
助	zhù	조	도울	101	座	zuò	좌	자리	134
著	zhù	저	나타날	30	坐	zuò	좌	앉을	95
抓	zhuā	조	긁을	166	做	zuò	주	지을	37
专	zhuān	전	오로지	77	作	zuò	작	지을	18